U0004246

台灣
地方政治
讀本

來自青年世代的
提問、實踐與反思

主編　嚴婉玲

作者

趙維孝　陳　寧　簡年佑
羅國儲　江昺崙　黃守達
林鴻揚　蔡中岳　何欣潔
呂伊庭　程天佑

目　錄
Contents

爲什麼此刻我們嘗試理解地方政治？

| 嚴婉玲 |

／作者簡介／

嚴婉玲，政治大學台灣史研究所碩士。在台北參與社運多年，2016年回到故鄉台南與一群青年共同創立「台南新芽」，關注地方議題與議會監督。

我們活在什麼樣的時代？

這本書原本預定於 2022 年底出版，正是全世界被生成式 AI 華麗登場給震懾的時刻，而當時的我想不出導論的開頭怎麼寫，於是拜請了 ChatGPT，問它「請解釋台灣地方政治」，第一次問，AI 似乎不知道該怎麼回答，回的內容大致是說我只是 AI，無法回答這麼複雜的問題。第二次再問，它勉強給出個答案，雖指出台灣的中央與地方分權，但沒有實際分權內容，雖提到民主制度與選舉，卻仍相當粗略。

後來書的出版時程拖遲，過了半年多，2023 年 7 月出版前夕，我再問了 AI 相同的問題，一樣請它跑兩個答案，這一次回答的內容已經可以分出一版是解釋中央地方分權的現狀，另一版則是解釋與民眾互動的治理面向，而且內容已經有充分細節也沒有太多錯誤。這就是 AI 學習的速度，也是我們接下來要面對的時代的速度。

先不要被上面的文字嚇到，這雖然是已經抵達的未來，但面對的方式卻得先從此刻回望過去。

前年開始規畫本書的寫作概念及作者時，我有次駐足在台北誠品信義店的書櫃前，書櫃的分類標示寫著「政治」，但整櫃的書找不到一本解釋或描述台灣地方政治的書籍，每當大家提起台灣的地方政治，想到的總是社會新聞裡的那些詞彙：黑金政治、官商勾

結、土地開發利益、派系、家族等等。可喜的是，去年終於有一本以50個關鍵字解釋台灣地方政治史的專書出版，寫作者也都相當年輕，這本書從社會關係的觀點來解釋地方政治的種種現象，希望從關鍵字切入，讓讀者比較好親近，但並未觸及對政治結構的思考。

那麼，出了首都台北的「地方」到底是什麼樣的政治結構？90年代到現在對台灣地方政治的主流解釋——恩庇侍從體制及其所分析的地方派系，至今仍是相同模樣嗎？基於這個疑問，我找了一群年輕的寫作者共同討論、書寫出這本書。

這群作者出生的年代大約集中在解嚴前後（1980年代後半至1990年代前半），這個世代成長的三十幾年間，正是台灣民主化、台灣主體意識成形的時代。

這個世代上幼稚園前後，總統是李登輝（1988-2000）。在野百合學運（1990）的推波助瀾下，長達四十幾年任期的第一屆國民大會代表終於退職（1991），立法院也全面改選（1993），民意代表終於全由在台灣投出的選票所產生。隔年，直選出史上僅有一任的台灣省省長（1994）。

這個世代上小學前後，學校已經開始教授「鄉土教材」（1996）。而台灣省與中華民國領土高度重疊，只能有一個人是透過直接民選

掌握最高權力，所以台灣省被凍結了（1998）。隨後，出現第一次政黨輪替，民進黨籍候選人陳水扁當選中華民國總統（2000）。

這個世代上中學前後，國民大會進行了到目前為止最後一次修憲（2007），內容對地方政治最大的影響就是立委席次減半，選制改為單一選區兩票制，這也確立了直至今日兩黨政治難以撼動的基礎。隔年，國民黨籍候選人馬英九當選總統（2008），政權再次輪替。

這個世代上大學前後，學生參與社會運動變成他們的時代洗禮。從陳水扁時代開始的樂生院保存運動（2005-）、野草莓學運（2008）、反國光石化運動（2009-2011）、反媒體壟斷運動（2012）、土地與居住正義相關運動（2010-）、反服貿運動（2013-2014）、左翼勞工運動（2012-），這些運動的現場總會見到學生身影，即使沒有親臨現場，也多少會在網路、媒體上看到相關的新聞、討論。

與此同時，台灣的地方政治制度也持續有重大變化，2010年台南、台中縣市合併升格為直轄市、高雄縣併入原高雄市、台北縣升格為新北市，2014年桃園市升格，台灣地方政治進入六都競逐時代，非六都（十三縣、三省轄市）的縣市因人口數及產業未能與直轄市競爭，從中央取得的資源及自籌財源均相對弱勢，發展被嚴重邊緣化。但縣市合併的直轄市內部也面臨城鄉資源分配不均的問題。

另一方面，當我們說作者群成長在台灣民主化時代，他們也成長在網際網路時代。1991年，從教育部電算中心設立學術網路（TANet）開始，台灣進入網際網路的世界，從撥接到ADSL、寬頻、光纖到無線網路與智慧型手機登場，改變了世界的運作方式，從資訊傳遞到知識建構，過去堅不可摧的結構一再被拆解、碎裂再重新組建。媒體與出版首當其衝，傳統媒體、出版業式微，自媒體、新型態內容產製興起，這個看似解放的狀態，由於資本的介入，製造了更多孔洞罅隙，讓權力者得以操作政治風向，但社會運動也相應地有了全新的網絡發展、串聯模式。

初出社會的作者們面對這樣的時代，在各自的領域裡開始思考地方政治是怎麼回事？本書的作者群包括記者、政治工作者、歷史學研究者、社運工作者，每一篇文章都是對地方政治的提問與觀察，有些著眼在討論地方政治發展的共同現象，有些則深描特定地方的肌理，甚至向學界前輩提出對理論的叩問。

本書無法窮盡所有地方政治的議題，但至少呈現出十個當下（2023）的地方政治觀察，讓讀者藉此得以思考架起地方政治結構的錢與權是如何運作，從而產生探索、討論地方政治的興味。就先從去年（2022）底的選舉結果談起吧！

以下的篇幅我將順著書的章節安排做介紹，除了簡介文章內容外，也試圖把該篇文章所談到的議題繼續延伸，跟目前社會上發

生的事做對話，希望讀者可以不只是閱讀這本書的內容，也能去連結生活中的經驗。

選戰中的空氣與陸地

受過傳統媒體訓練、現在從事社群數據分析工作的趙維孝所寫的〈空氣票在哪？社群媒體為地方政治帶來的質變〉是篇十年前不可能出現的文章，畢竟在 2012 年的中央層級選舉，臉書（Facebook）還只是選戰中聊備一格的宣傳工具。但到了 2014 年之後，社群媒體、網路聲量突然成為左右選戰的重要因素，空氣票開始有新的受眾，過去努力在報紙、電視等傳統媒體上搏版面的候選人，現在無不認真經營粉絲專頁，柯文哲的勝利就是最好例證。但網路社群到底起了多大的作用？在不同年齡層的選民、不同層級的選舉甚至不同得票取向的候選人身上起的作用都一樣嗎？維孝在文章中以數據資料做了精采的分析。

除了臉書，Line OA 的出現，使得候選人可以同時處理過去看似分眾的空氣票與組織票，讓粉絲產生黏著度，甚至進一步轉換成選票，線上與線下的經營不再是水油分離的兩種概念，而是轉換成必須更細緻處理的顧客／選民關係經營。

而 Youtube、Podcast、IG、Tiktok 等等更強調影音內容的社群媒體、平台明顯更獲得年輕世代的青睞，接下來會如何影響選舉，

尚有待觀察。

另一方面，都市人雖然每天都吃著由農村生產的蔬果畜產，但鮮少有人了解農產運銷體系的流程及其與農村社會的嵌合程度，而這種嵌合正直接影響著農村的地方政治。記者出身的陳寧所寫的〈組織票與它們的產地：農村中的錢與權〉具體描繪了農會運銷體系如何從點（農民）到線（單一供應鏈）到面（共同運銷體系）的成形過程。

2018年前後沸沸揚揚的北農風雲，正是因為台北農產運銷公司掌握了台灣半數的蔬果運銷體系，操控著農民的實質收入，也成為政治權力的兵家必爭之地。有權控制地方金流的農會選舉本身就是地方政治重要事件，間接選舉所導致的弊端至今仍無法得到有效解決，這篇文章試圖梳理出農產運銷與地方政治緊密的關係，再點出問題所在，讓讀者了解其中因果，而不再霧裡看花。

至於農田水利會，過去因掌握地方灌溉水權與農會相生相伴，是左右農村不可或缺的重要角色，然而，原本具有公法人身分的全國十七個農田水利會，在2020年遭改制為農田水利署轄下的公務機關，此一變局可視為是中央試圖介入、改變地方原有政治結構的強力作為，未來對地方所產生的影響及農會是否會依例改制，成為農村政治的熱門討論議題。

那些殘存與不再存在的

曾擔任多場選戰輔選要角的青年政治工作者簡年佑，則以第一手觀察寫出〈牢籠之內還有牢籠：從2022年地方選舉觀察台北市平地原住民的政治結構〉，他以台北市平地原住民議員候選人吳郁瑾 Sawmah Kawlo 的選舉過程為例，解釋現有選舉體制是先劃分「一般」選區與原住民選區，後者再區分為平地原住民與山地原住民選區。

一般選區是在該縣市內以相近的人口數再等分為數個選區，但原住民選區的地理範圍就直接等於該縣市的地理範圍，這會如何影響選舉結果？由於本文中的候選人是挑戰者，首先面臨的問題就是在沒有選民名冊的情況下，不知道選民在哪裡，當選民面貌模糊，不但組織戰難以執行，連文宣戰也無法投放。

這一篇是台灣極少數以個案描述讓讀者理解原住民選舉操作方式的文章，應該也有不少讀者看過去年的金馬獎得獎影片《哈勇家》，片中呈現的則是山地原住民競選行政區域首長的選舉樣態，與台北都會區的民意代表選舉就是兩種完全不同的面貌，兩相對照或許可以豐富我們對原住民選舉政治的想像。近年來已開始出現改革原住民選制的呼聲，本文正足以佐證現在仍停留在「保障席次」的過時選制帶來的不可行之處。

目前就讀政大歷史所博士班的羅國儲，是科班出身的歷史研究者。他的文章〈鄉鎮市選舉的未來：從省轄市及直轄市消失的「區」自治談起〉取徑回顧地方自治史中關於區長存廢的討論，提出當下主政者必須面對的問題：地方政治的最小選舉單位應該是什麼？

日治時期僅有部分台灣人民可以體驗選舉的滋味，1945年之後進入中華民國體制，國民開始可以選出區民代表、區長，這也是讓人民理解如何透過選舉表達自己意見的初步嘗試。但在1959年，不顧省議員反對的情況下，民政廳仍送出廢除區長選舉的修法草案，自此區長一級不再選舉，但同一層級的鄉鎮長、鄉鎮代表仍以選舉產生。

這套制度沿襲數十年之久，直到2010～2014年間的合併升格，自此台灣的基層選舉形成明確的雙軌體制，即直轄市與縣市，直轄市在地方基層選舉上少了鄉鎮市長層級，過去的鄉鎮市全數改制為區，而區長以官派方式產生，僅原住民自治區以選舉產生。有論者謂此舉可消除鄉鎮市一級的地方勢力的金權關係，本文爬梳幾屆選舉結果之後，得出的結論是近半的地方型政治人物仍會循其他管道以選舉取得政治角色。

數年前，天下雜誌曾以專題方式討論此一議題，前台南縣長蘇煥智也曾以恢復區自治作為競選政見，可惜並未引起更多討論。本

文以史料提醒當代選民，區自治曾經出現過，也運作良好，不妨作為未來思考基層選舉的一種方向。

中台灣政治風景

前面幾篇所談的都是地方政治的共同現象，但接下來三篇，我們要聚焦在中台灣的三個縣市，分別是彰化、台中及雲林。

志業與職涯擺盪在台灣文學與地方政治之間的江昺崙，曾於彰化縣溪州鄉公所擔任秘書，他的〈地方的黑霧：從彰化基層政治談起〉，先以當地設置動保園區引發的政治事件開場，讓讀者明瞭所謂地方政治的實況很可能違反一般人所謂的正常邏輯，而荒誕的場面其來有自。繼之，他解釋了南彰化發展的背景，濁水溪八堡圳的修築帶來彰化長達兩百年的富庶，同姓村莊的型態顯現了地方網絡的緊密程度也成為地方派系的雛型，但日治之前興旺的政商家族並未延續到戰後，政治環境的變化與經濟型態的轉型產生了新的地方豪族，例如溪州謝家，至今家族成員仍有現任立委、議長。

有趣的是，溪州有像謝家這樣的政治家族，但也出了吳晟、吳音寧這樣非典型卻也介入政治甚深的家族，使得地方並非毫無改變的可能，但整體結構仍然使改革之路困難重重，昺崙最後指出了問題，也提出可能的解方，邀請大家一起思考。

2023 年，吳家的吳音寧投入彰化第三選區的立委選舉，挑戰現任立委謝家的謝衣鳳，兩人性別相同、年紀相仿，但從政經歷與價值觀卻迥異，或許讀者在看完舄崙的分析後會更能理解這場選戰的醍醐味。

接下來，我們轉換視野，看看中部最重要的大城台中市。從學生時代即積極參與社會運動，2018 年投入家鄉台中市議員選舉當選、2022 年連任的黃守達，從議員及候選人角度觀察他的選區，寫出這篇〈現身、服務、表演：台中市地方政治觀察報告〉。

本文分析 2018 年及 2022 年地方選舉中，市長與議員選舉結果的差異，提出議員選舉的「現身」效果較市長選舉有效的假設，也對所謂的「選民服務」做出更詳細的解說。在觀察、蒐集成功的候選人形象後，他提出勤快、有範、親和力三點，足以作為有志參選者的參考範本。

守達最後提到，有別於一般認為選舉就是操作意識形態的說法，他認為其實意識形態在地方選舉可以作用的空間極少，但對他而言，這樣並不是問題，他反而可以藉此來達成自己的目標，例如打造地方的共同體意識，而且把議題操作設想成一個運動而非一次對決。

去年底結束中研院農村調查計畫的工作、進入立法院擔任國會助

理的林鴻揚，改寫他的台大地理所碩士論文，成為本書的〈企業財團與地方政治的互動關係：以六輕與麥寮為例〉，寫的內容正是他從小長成、摯愛的家鄉雲林麥寮。

在他的成長過程中，家鄉始終有頭大到不能倒的企業巨獸與鄉民共生息，那就是台塑六輕。1991年六輕確定落腳麥寮，至今三十餘年，提供上萬的就業機會，每年也有上億的回饋金補助鄉里，鄉親們看似獲得許多大型企業進駐的好處；但在2010年前後，這個情況開始發生轉變，先是台大詹長權教授證實了六輕汙染與癌症的關係，而2010、2011年間多次的工安事故也導致了鄉民對六輕的不信任。環團、政府、居民亟思改變現狀，六輕也據此做出回應。然而，2022年的現狀卻是環團退出當地、政治人物與六輕更形緊密，居民則是態度曖昧。這十年發生了什麼事？這篇文章勾勒了一個巨型企業如何動態收服人心的事件輪廓。

提到企業與地方政府的關係，很難不想起台積電（TSMC），這幾年，凡台積電計畫設廠之處，附近地價馬上應聲而漲，包括台南、高雄、苗栗等地的地方政府，不分藍綠都積極爭取設廠。但隨之而來的問題，例如營運後的工業用水、用電與民生水電之間的競爭關係該如何解決卻鮮少有人討論。本文或許可以作為思考企業與地方政府、居民、環團之間關係的參考。

離島與後山

我們現在所想像的台灣共同體中，除了台灣島，中華民國轄下還有澎湖、金門、馬祖等島嶼，它們與台灣的關係深淺不一，例如澎湖，其近代歷史命運一直都與台灣緊密相繫，但金門、馬祖則是因為同在中華民國框架下，才被視為與台灣一體，各島與台灣都有顯著的歷史記憶差異，也有著大不相同的地方政治樣貌。

而在中央山脈的另一側，台灣東部的地方政治也呈現出與西部顯有不同的差異，許多人甚至笑稱到花蓮是出國，究竟是地理的阻隔還是生活經驗的差異，使得東部的政治風貌如此特異？

本書特別邀請了三位作者來書寫離島跟後山。

從高中開始就投身環境運動的花蓮青年蔡中岳，關心的不只是地球、台灣的環境，他還實質參與了他的家鄉花蓮的政治改變。〈後山、移民、拚觀光：花蓮國是如何鑄成的？〉幾乎就像一篇簡短版的花蓮政治史。文章從一百五十年前的移民開始談，原住民、漢人、戰後的大陳島島民甚至近年的新住民，不同時代移入的族群成為影響花蓮政治的重要因素。

戰後，國民黨操控閩客族群及政治家族在選舉中所能獲取的利益，以此作為政治平衡的方式。但1990年代之後，政黨政治的影

響日深,民進黨開始在東部開疆拓土,但成果短暫,難以持續。

以親民黨籍初次參選的傅崐萁則以能獲取花蓮鄉親認同的爭取蘇
花高等交通建設政見,在2001年站上花蓮的政治舞台,從此與其
妻徐榛蔚以各種令人驚奇的方式打造所謂的傅氏王朝直至今日。
中岳也分析了為何民進黨在花蓮始終無法取得縣長大位的原因,
並點出東部公民社會,包括公民團體、大學師生及在地公民,才
是推動花蓮政治改變的主要力量。

曾任職媒體的何欣潔與曾任國會助理、NGO工作者的呂伊庭都有
著強烈的澎湖認同,但生命中大部分的時間其實住在台北。作為
心心念念的故鄉,她們以各種不同的方法為澎湖做點事,包括成
立了海產公司「澎湖海鮮皇族」,賣的是海鮮,想推的卻是澎湖學
及海洋教育的理念。

在本書中她們合寫〈軍港、甲頭、觀光賭場:不同於本島與金馬
的澎湖地方派系〉一文,爬梳澎湖的移民史,往前回溯至明清時
期,試圖告訴讀者為什麼澎湖的軍公教群體遠早於中華民國政府
統治之前即存在。而戰後澎湖因具有離島戰略位置,雖不似金馬
實施戰地體制,卻也實質形成軍高於政的地方政治結構。

解嚴之後,地方政治開始有輪替可能,但影響選舉的議題也開始
與經濟高度相關,賭場提議成為地方政治的主旋律,而前述的軍

公教群體卻在此時發揮作用，擋下了賭場公投，使得澎湖後續的發展走上不一樣的道路。2023年的澎湖在發展觀光多年後，已出現了大型的觀光飯店投資與開發案，對當地政治造成的影響還未可知。值得慶幸的是，觀光也帶來了另一批喜愛澎湖的年輕新移民，他們又會把澎湖帶往何方呢？

提問、反思兼小結

以上的九篇文章從不同角度切入，談論地方政治的各種實況、現狀，最後一篇則要對當代主流的地方政治解釋架構進行反思與提問。清大社會所碩士程天佑的文章〈「威權遺緒」？民主化脈絡下的地方政治敘事及其反思〉改寫自他的碩論，以文獻考證的方式檢視由政治學者吳乃德所提出、已經成為地方政治論述主旋律的恩庇侍從體制，是如何在時代的需求下出現，而又經過了那些挪移、借用甚至經典化後，成為直至目前為止最重要的台灣地方政治解釋架構。

本文並非全盤否定這個架構的解釋力，只是透過這個梳理提醒讀者，現在已經是2023年，距離理論提出的1990年代已經過了三十餘年，當時所要解釋的黨國威權體制雖仍有遺緒殘存，但兩黨政治的架構也已成形運作二十餘年，如果我們仍持續使用這個架構解釋地方政治，那就是政治學界乃至於社會大眾的怠惰，同時也會發現據此而來的論理解釋與預測將離現實越趨遙遠。

在前面的章節中，我們也看到作者有使用這套理論來解釋地方政治的部分運作內容，例如昺崙的文章，但他仍觀照到其他在地所獨具的因素，才能做出完整的詮釋。

一般在談論像苗栗、花蓮、台東等長期由國民黨或親藍勢力主政、民進黨從未取得執政權的縣市時，論者常謂是因為當地經濟發展狀況較差，國民黨政府長期以補助政策施以個人小惠拉攏所致，這樣的解釋就忽略了每個縣市的在地獨特性。台灣中南部農業縣份的政治發展及浮動的政黨傾向，如雲林及彰化縣長都曾多次政黨輪替，即可證明地方的經濟發展與政治立場之間並非簡易、直觀的因果，若未能辨明族群、人際網絡與利益的運作機制如何形成，則難以發現撬動改變的關鍵。

本書也不乏爬梳歷史的篇章，但都是為了回應當代的問題意識，例如想知道為什麼澎湖的賭場公投會輸、想知道為什麼區長是官派而非選舉等等。誠如本文開頭所述，新時代已經來臨，而尋路未來，要先理解我們這群人、在這裡、如何走到此刻。

本書對台灣地方政治的討論只是想起個音，希望接下來在大學的政治系課堂上、電視的政論節目裡、街巷廟口的談話間，還有網際網路的各種社團、群組中，都能聽到、看到更多關於地方政治的真切討論。

對了，本書封面也是以Midjourney生成的底圖做修改，當時我對
設計師許的願是飛翔的鯨魚，上面承載著人造的建物。圖像生成
後，建物與鯨魚接合之處尚能看見血肉，那更像是某種隱喻，關
於賽博格與現實之間的短兵相接。圖像或許不是那麼寫實，但卻
提供我們更多想像台灣地方政治的空間。

第 1 章

空氣票在哪？社群媒體爲地方政治帶來的質變

｜ 趙維孝 ｜

／作者簡介／

趙維孝，從小新竹成長，中央大學經研所畢業，曾任商業周刊研究員、體育專欄作家、國立體育大學兼任講師，現爲社群數據分析公司 QSearch 內容行銷與數據分析總監，專長爲數據分析解讀、媒體內容製作等。致力於培養更多體育新媒體人才及對難下嚥的數據資料賦予意義。

前言

在選戰中有一種說法叫「空氣票」，泛指那些非傳統組織能掌握、好像散在空氣中的票，很難捉摸；又有另一個詞叫「空戰」，指一些網路上的文宣、認知作戰，或政治人物在網路上的言語交鋒。

近十年來，台灣社群媒體的發展助長了這股用空戰來找空氣票的潮流，如Facebook、Youtube、Instagram、Line OA等平台，不僅對政治人物經營個人品牌的方式造成重大改變，甚至影響了政治議題的傳播途徑、年輕人口的投票行為等等。

打響第一炮的是2014年台北市長選舉，柯文哲以素人之姿參選首都市長，他善用社群平台來傳達理念、打造個人形象與品牌，成功擊敗了承襲父輩政治資源的對手連勝文，一時之間柯式旋風席捲全台。在台灣政壇甫邁入社群時代、「網路社群經營」對政治場域來說是一片藍海的當時，柯文哲絕對是最具代表性的政治網紅。

根據QSearch[1]社群數據資料庫直到2017年的分析，Facebook上全台網路聲量排名前100的個人類型粉絲頁，也就是俗稱的KOL

---

[1] 筆者從2017年起任職於QSearch，這是一家社群數據分析軟體商，專注於收集Facebook、Youtube、Instagram等各社群媒體以及各網路論壇的即時資訊與聲量數據，並開發提供使用者搜尋、分析的商用軟體，服務的客戶包含各大代理商、學術研究單位，當然也包含政治場域。

（Key Opinion Leader，關鍵意見領袖），當中僅有三位是政治人物，分別是總統蔡英文、台北市長柯文哲及國民黨台北市議員羅智強。

真正讓社群媒體開始在全台地方選舉扮演要角，要到2018年的九合一大選，在各縣市長、市議員候選人大舉使用Facebook粉絲頁的情況下，當年的百大KOL之中共有11名政治人物入選，除了原先的三位外，韓國瑜、陳其邁、林佳龍、侯友宜等地方首長級的人物紛紛在社群上發揮影響力，由韓國瑜掀起的「韓流」，甚至一度在網路聲量上輾壓總統蔡英文。

到了2020至2022年，百大KOL中的政治人物每年約在20至25位之間，並開始出現高嘉瑜、陳柏惟、許淑華等區域立委。這個現象傳達了兩件事：第一，區域立委也能透過社群平台將聲量與關注度拉到全國層級；第二，對經營「空戰」的重視，已經從首長層級擴展到民意代表層級。

在重量級人物、候選人乃至政府部門陸續跟進之後，所有的政治人物，也紛紛開始把原有的聲量、聚眾能力轉換到社群平台上，試圖透過社群平台的發酵所創造的聲量，來進一步鞏固支持者並形塑同溫層。

我們再往下觀察地方上的縣市議員選舉，更可以發現在2018年的

九合一大選當中，社群平台成為新人參政的推手。例如出身太陽花學運的黃郁芬、林亮君，[2] 為了對抗兩大政黨在地方上的樁腳勢力，透過社群平台進行「空戰」就變得尤其重要。

過去素人要參加地方選舉，不論是印傳單、發面紙、插旗幟、掛看板、買電視廣告，最重要的功能只有一個，就是「讓自己被大眾認識」。而社群媒體不但能有效降低宣傳成本，也可以讓候選人的從政理念更細緻地橫向分享給受眾，比起短效的宣傳品，社群內容上架後還會發揮長尾效應，可能在適當的時候再度被分享、回應。

當然，這不是說新時代的素人參政就不需要在街頭發面紙和傳單，而是他們更倚重空戰。如今，社群經營已經不是年輕的地方議員所專擅，而是幾乎所有從政者的「標配」，只是相較於地面戰，在各個世代、各個選區可能各有不同的比重。

身為一級戰區的六都直轄市是「空戰化」程度較快、較高的區域，截至 2020 年 8 月，六都在任的 369 名市議員當中，有開設 Facebook 粉絲專頁（以下簡稱粉專）的比例達到 98.6%，僅有 5 人沒有粉專；而有 Instagram 帳號的比例也超過 53%。六都以外的各

2　當時兩人代表時代力量參選，並選上第 13 屆台北市議員，後相繼於 2018、2019 年退黨。2022 年的第 14 屆台北市議員選舉，黃郁芬連任失敗，林亮君連任成功。

縣市，除了離島外，有開設粉專的議員比例也大多超過9成。

本文將分別探討Facebook、Line OA這兩個目前在台灣地方政治扮演要角的社群平台，並試著從長期關注及研究的角度，剖析兩者的現況及影響範疇。

到了2022年，Facebook粉專還是政治主戰場

在2014年選戰中，柯文哲示範了如何善用社群媒體的助力，來發揮全國級的影響力。在Facebook使用人口尚未飽和的當時，柯文哲的社群貼文動輒就有10萬個讚、1萬個分享。這個數字究竟有多驚人呢？若假設每個Facebook用戶平均有500名好友，那麼一條破萬分享的貼文，就有機會被500萬人以上看到。這樣的數字即使來到2022年還是非常厲害，以總統蔡英文的粉專來說，截至8月也僅有4篇貼文超過10萬個讚，而破萬分享的一篇也沒有。

過去近十年，台灣Facebook的使用人口成長了約500萬人，總數來到1900萬左右，雖然已近飽和，且年輕人口的使用時間正在流失中，但Facebook在政治場域仍是全面觸及受眾的最有效渠道。

早在2016年就有人預言，2020年總統大選的政治攻防主戰場會轉變成 Instagram。然而受限於以照片為主以及較難有橫向連結的平台特性，至今我們看到空戰在 Instagram 上的發揮仍十分有限。

在更多社群平台分食台灣使用者時間的趨勢下，我們也已看到很多地方民代並不滿足於經營單一社群媒體，有人開設 Instagram 與更年輕的世代溝通，也有人在 Youtube 開設專屬頻道，放上自己在議會質詢的影片。

然而目前很多政治人物的團隊，尤其是地方民代的小團隊，對於 Facebook 之外的其他平台，並沒有更有效率的經營方式，以 Youtube 為例，往往經營得更像是個片庫，影片丟上去就完事。

一方面是 Youtube、Instagram 等平台，相對於 Facebook，還是侷限在較年輕的使用者，所以對政治人物來說沒有立即的經營需求，另一方面是影片製作所包含的人力、時間等成本實在太高，以致到了 2022 年，Facebook 這個「老社群平台」，仍然在訊息傳播及政治攻防上扮演要角，除了因平台特性較能有完整的文字論述外，年輕人口的使用時間雖被更多的社群軟體分食，但仍保持一定程度的黏著，再加上過去十年中，45 歲以上的中高齡使用者不斷地加入，正好因應了政治場域的需求。

就跟馬路上最顯眼的轉角與下橋處是最好的看板位置一樣，Facebook 顯然仍是眼下各年齡層打擊面最廣的社群平台。

有任職六都的地方議員曾向筆者表示，傳統媒體的新聞版位，連中央層級的立法委員都已不夠分配，遑論地方議員。在傳統媒體

時代，政治人物的曝光需要仰賴媒體，與媒體的關係因此非常重要，同一個事件，友善與不友善媒體的措詞、切入角度可以南轅北轍，間接影響選民的觀感。但自媒體時代開始後，政治人物可以將自帶的流量轉移到社群平台上，對於地方層級的民代來說，他們不用再像過去那樣爭搶傳統媒體的曝光，只要在社群平台開闢一個空間，便能擴散自己的政治理念、塑造個人的品牌與形象，也能有效地將問政成績與活動行程向群眾報告。

以63席台北市議員來說，認真積極經營粉專的，平均一天都能發2至3篇貼文，中段班也有0.5-1篇左右，可以說，透過社群媒體跟公眾與選民溝通，已是議員團隊的日常業務之一，如果跟上或發起某個熱門議題，更是能斬獲爆炸性的聲量，有效打響知名度，除了傳達民代本身的立場外，更可以讓選民產生「有在做事」的印象。（圖1-1）

2022年新竹市長選戰中，代表台灣民眾黨參選的高虹安於選舉期間爆出「慣老闆」爭議，當時就有爆料指出，團隊內曾設獎金給單週撰寫最高讚數貼文的小編，可見政治場域的社群經營越來越受到重視。

經過2018、2020到2022年的三次大選，政治人物的社群經營品質有普遍的提升，這裡所謂的「品質」包含圖文字卡的精美程度與易讀性、文字的流暢度、議題掌握的能力等等。而有政治敏銳度，

f Facebook ⑤ 台北市議員

#	粉絲專頁 名稱	粉絲數	文章數	😀	😐	😞	影響力分數
1	徐巧芯	208,747	523	75	275	143	539,782.0
2	王鴻薇	194,472	848	124	496	179	515,187.2
3	徐承庭	286,836	361	52	178	98	276,754.9
4	苗博雅 MiaoPoya	255,968	153	24	94	20	221,169.0
5	游淑慧 台北市議員	70,593	646	74	372	161	220,670.0
6	許淑華Hsu Shu-Hua	99,212	480	161	248	41	118,725.9
7	福吉	485,869	139	5	111	16	103,375.5
8	鍾沛君	83,248	246	46	160	24	103,256.6
9	台北市議員鄒文	38,425	595	51	379	96	92,939.3
10	閻舒培台北員連記	31,972	346	39	195	98	76,445.0

圖 1-1：2022 年台北市議員粉專聲量前 10 名，資料提供：QSearch。

又具備經營圖文製作、影片剪輯等社群能力的人才，就成了從中央到地方每個政治團隊內的必備要角。

也有縣市議員觀察到，2020 年總統大選後，除了新進的年輕議員會重視個人品牌的社群經營外，連在地很久的老議員也不再隨便拍張照片、寫兩句話就上傳，而是急起直追，快速增進在社群的發文品質與圖文製作能力。

網路聲量是什麼？聲量高低有何影響？

近年來又冒出另一個概念，叫做「網路聲量」。有別於過去電視、報紙、廣播等媒體的單向傳播，社群平台有互動的特性，今天一條新聞發出去，馬上有網友來回應、互動表示看法，等到這些互動數據所累積的量體夠大、夠齊全，就產生了「聲量」的概念。

簡單來說，A 候選人在社群平台上一週之內共有 X 篇貼文討論，這 X 篇貼文所產生的按讚、留言、分享，都可稱為 A 在這一週的聲量。

然而，在看聲量數字之前，有幾個觀念務必要釐清。首先所謂的「網路聲量」、「討論度」絕對不能直接換算或腦補成「支持度」，遑論直接當成「勝選機率」。

網路聲量對縣市首長級的政治人物來說，比較像是個人聲勢、影響力的評估，而對選區更小的地方議員來說，更像是一種「知名度」或工作內容有進入選民視野的結果。

縣市首長選舉是單一席次，有實力的參選人比較不需要考慮「知名度」的問題；但縣市議員是多席次的，大部分民眾連自己選區的議員有哪幾位都不一定記得。在知名度往往是重要勝負關鍵的情況下，網路聲量對於40歲以下的年輕參選人來說，或許具有一定的參考價值。

筆者針對2022年九合一大選做了一個聲量與票數的小型研究，將台北市、台中市、高雄市北中南三都，40歲以下的候選人，在選戰前三個月的社群聲量[3]與實際得票數做一個對照，其中候選人社群聲量又分為：整體Facebook社群上的聲量，與個人粉專上的聲量。

茲以「學姐」黃瀞瑩為例來說明這兩種聲量的差別。台灣Facebook目前大約有100萬個有一定規模的粉專，包含各種網紅、KOL、媒體等等，在這些粉專發出的貼文裡如果有提到「黃瀞瑩」，而網友又對這些貼文予以按讚、留言、分享，因此所產生的

3　QSearch將Facebook的相關貼文所獲得的〔（心情符號數＋留言數）*0.1＋分享〕統計為聲量數值。

互動數據計為黃瀞瑩在某段時間內的整體社群聲量。在此同時，
黃瀞瑩個人也有開設粉專，其上的貼文所產生的互動數據則計為
她個人粉專的聲量。

這兩種聲量的評估，第一種是候選人相關的訊息在整體網路社群
上的擴散程度，可以視為曝光程度，第二種則是候選人自帶流量
與關注的能力。

從 2022 年台北市議員選舉的研究結果發現，若計算候選人得票
數及選前三個月的整體社群聲量，則相關係數約為 0.45；若改為
計算候選人得票數及候選人粉專的聲量，則相關係數稍微提升到
0.51。但若改看台北市 40 歲以下議員，這兩種聲量與得票數的相
關係數則分別提升到 0.5 及 0.6 左右。[4]這種統計方式其實很粗糙，
並沒有考慮到各選區總票數的不同與其他可能變因，但作為一個
初步的觀察仍有一定參考價值。

從結果來看，40 歲以下的議員候選人當中，能拿到高票數者，無
論是整體社群或是個人粉專，都具備一定的社群能量，而 40 歲以
上的議員，則可能會有得票很高，但幾乎沒有網路聲量，甚至根
本沒有粉專的情況。

4　相關係數一般 0~0.4 為低度正相關；0.4~0.7 為顯著正相關；0.7~1 為高度正相
　關。

選區（選號）	候選人	年齡	性別	得票數	得票率	貼文數	社群聲量	粉專聲量
選區一 13	黃瀞瑩	30	女	29,270	10.63%	505	94,653	17,637
選區六 19	苗博雅	35	女	28,417	9.97%	552	104,082	23,454
選區三 11	徐巧芯	33	女	27,205	12.72%	5,627	578,118	46,412
選區二 7	陳宥丞	36	男	25,899	12.57%	402	53,977	5,806
選區一 1	林延鳳	40	女	23,427	8.51%	296	38,584	20,009
選區四 10	顏若芳	37	女	22,718	12.65%	314	41,779	6,196
選區六 17	徐弘庭	40	男	19,340	6.78%	142	44,404	5,318
選區二 8	何孟樺	33	女	19,340	9.38%	236	25,153	5,005
選區三 9	詹為元	38	男	19,273	9.01%	304	43,370	6,014
選區四 8	柳采葳	31	女	18,372	10.23%	300	59,055	13,181

表 1-1：2022 年議員選舉，台北市 40 歲以下議員得票前 10 名得票數與社群聲量對照。前三名的黃瀞瑩、苗博雅、徐巧芯，不論在整體社群或個人粉專上，都具有高聲量熱度。資料提供：Qsearch，資料期間：2022/8/26-2022/11/25。

接下來看台中市。整體議員候選人最終得票數與整體社群聲量的相關係數是 0.5，在 40 歲以下議員候選人的相關係數則是 0.47，差距不大。但若改以最終得票數與候選人粉專聲量來看，全體議員候選人的相關係數僅有 0.25，而 40 歲以下議員候選人的相關係數則暴增到 0.75，明顯具有高度正相關。

以上數據說明了，台中市的年輕議員候選人缺乏主流媒體的曝光，以致在整體社群聲量不高的情況下，各候選人只能盡力炒高粉絲頁的熱度。他們的最終得票數與粉專聲量的高度正相關，除了顯示候選人本身的聚眾能力之外，或許在某種程度上，相對於台北市的年輕候選人，更容易推估最後能夠拿到多少選票。

選區（選號）	候選人	年齡	性別	得票數	得票率	貼文數	社群聲量	粉專聲量
選區二 8	顏莉敏	38	女	29,586	24.36%	238	16,643	7,418
選區十一 6	羅廷瑋	33	男	25,381	26.34%	167	22,144	5,461
選區六 6	楊大鋐	36	男	22,864	22.88%	92	8,371	2,423
選區三 1	林昊佑	29	男	20,919	20.41%	132	8,009	6,259
選區一 2	施志昌	38	男	18,367	28.09%	243	44,135	4,788
選區五 11	吳呈賢	38	男	16,803	13.30%	153	4,811	1,585
選區八 8	黃健豪	34	男	16,657	12.90%	129	23,825	9,057
選區九 5	陳俞融	32	女	16,621	25.04%	51	21,837	3,394
選區五 4	徐瑄灃	34	女	16,488	13.05%	191	4,274	1,452
選區十 6	張彥彤	36	男	16,161	27.34%	63	7,106	1,293

表1-2：2022年議員選舉，台中市40歲以下議員得票前10名票數與社群聲量對照。以台中市來說，年輕議員的得票數與個人粉專聲量的相關性更高。資料提供：QSearch，資料期間：2022/8/26-2022/11/25。

最後來看南部的高雄市。整體市議員的得票數與整體社群及粉專聲量的相關係數分別是0.59及0.41，但若看40歲以下候選人，則兩者分別升高至0.63及0.6。而個別聲量突出者如第九選區的黃捷，除了在社群聲量上可謂輾壓其他人外，得票數也拿下全高雄第一，就知名度來說算得上是全國級的強者。

選區（選號）	候選人	年齡	性別	得票數	得票率	貼文數	社群聲量	粉專聲量
選區九 8	黃捷	29	女	27,744	17.03%	795	139,921	100,006
選區二 1	李亞築	35	女	25,376	35.24%	114	14,681	1,284
選區八 3	許采蓁	37	女	22,570	19.40%	9	2,600	40,844
選區九 4	鍾易仲	40	男	18,619	11.43%	135	26,133	2,329
選區四 3	白喬茵	35	女	18,582	11.14%	330	65,703	10,426
選區四 16	黃文志	40	男	15,298	9.17%	245	30,133	2,358
選區十一 4	邱于軒	40	女	14,980	16.50%	372	65,561	13,518
選區七 6	張博洋	31	男	14,817	9.69%	630	46,793	13,239
選區一 3	林慧欣	37	女	14,289	22.60%	231	27,783	2,233
選區七 8	鄭孟洳	32	女	14,148	9.25%	538	52,199	8,598

表1-3： 2022年議員選舉，高雄市40歲以下議員得票數前10名與社群聲量對照。尋求連任的市議員黃捷在社群聲量上橫掃眾人，同時獲得全高雄市最高票當選。資料提供：QSearch，資料期間：2022/8/26-2022/11/25。

以 2022 年的縣市議員選舉結果來說，聲量的確無法逕行轉換成得票數或勝選機率，但北中南三地的年輕議員候選人的聲量與最終得票數有一定程度的正相關，尤其以粉專相關程度可能更高一些，仍具一定的參考價值，更可以肯定的是，有辦法在選區內拿到極高選票，甚至接下來可望挑戰立委選舉的年輕議員，能夠創造超高網路聲量幾乎已經是必備條件。

社群媒體上的聲量當然有其限制，例如所謂的「正負評」、「選民看法」[5]等其實很難透過網路聲量體現。然而聲量仍是一種有意義的觀測指標，尤其若能隨時滾動檢視，並將聲量從哪裡來、又是針對哪些議題等進行更深層的分析，或將提供更多更好的策略參考。

在空戰與陸戰之間：
地方民代的選民 CRM-Line OA

在筆者任職 QSearch 5 年期間，最常被問到的問題之一是：「那LINE 呢？ LINE 的數據你們能撈嗎？」

通訊軟體 LINE 是台灣目前最主流的通訊軟體，活躍用戶超過2100 萬，接近台灣 9 成的人口，滲透率可謂驚人。LINE 在各種鄰里組織、在地社區群組、甚至各種小型同溫層之間所流傳的訊息，

5　坊間所謂的正負評或大量語意分析，受限目前的技術，其準確度都仍有待商榷。

也是地方選舉中很重要的一環。

遺憾的是，LINE雖然是以網路作為媒介的通訊軟體，但筆者認為其形式更接近傳統的組織陸戰，其訊息有如黑洞一般，目前尚沒有一個有效的方法進行監測與分析。

真正能提也值得一提的，應是近年流行的Line OA官方帳號（原稱Line@）。該項功能原本是品牌管理客戶或充當宣傳渠道之用，但從2018年的台北市長選戰柯文哲、丁守中陸續投入經營開始，Line OA官方帳號就進入政治場域。大家都理解一般通訊軟體的功能與用途，Line OA的運作則是站在這個基礎上，讓粉絲加入某一政治人物的官方號帳，由經營端群發信息或設計互動環節來與粉絲溝通。

Line OA最重要的功能是提供了一個對選民的CRM系統（Customer Relationship Management，客戶關係管理）。這種工具有幾個優勢。第一，抓到過去難以直接連繫但有高度黏著性的鐵粉支持者，特別是不會出現在傳統選舉場合的年輕族群。第二，滿足多人通訊的需求，越是地方層級的選戰，諸如議員乃至里長，越是強調在地連結，有些里長的通訊錄可能有數千位里民的聯絡方式，Line OA是讓這些連繫更加容易的數位化管理方式。第三，收集到更多支持者的資訊，例如他們住在哪裡、對哪些特定議題有興趣、是否願意分享訊息等，方便將支持者予以分類並制定不

同的經營策略。第四，線上線下的連結性很強，例如2018年選戰中，柯文哲競選團隊就設計了Line OA問答，並於選前之夜兌換小物，結果成功兌換出1.2萬份，藉此炒高造勢現場的人氣。

筆者曾就Line OA的問題，請益專營LINE社群系統互動的大橡科技，他們曾協助總統蔡英文與多位立委、議員甚至里長，在選戰中或日常工作中經營Line OA。

大橡科技的創辦人蔡柏宣（Porsche Tsai）說，相較於縣市首長所經營的選民量級，議員或里長較能做到更細緻的處理，甚至一對一地直接跟選民對話。他也觀察到，近年來Line OA不再是大型選戰中才會出現的工具，已經有議員或里長開始使用Line OA來做日常的選民服務了。Porsche進一步指出，比起過去群發e-mail，現在人們更在意所謂的「開信率」，如Line OA這樣的工具，需要重視的反而是每一條訊息在發出的6小時內點擊、分享、回應等的互動率，不管選區大小，這個比率最少要在20%以上。以政治人物的官方帳號來說，與一般品牌集點數、累積會員的經營型態不同，政治人物需要更專注經營出高活躍率、低封鎖率的鐵粉社群。

比起過去線下組織的活動力，如今的選戰透過數位化的工具，其反應時間已經以小時計了。更快速、更細緻、更重視分眾化處理是現在的趨勢，也是未來的趨勢。

工具只會越來越多，
新世代的政治工作將更加科學化

如果說Facebook等社群平台的經營是所謂的「空戰」，也就是替候選人開闢更大的空間，那麼 Line OA 這種工具如應用得當，就是將線下的陸戰組織予以更好的數位化管理。

但Facebook或LINE這樣的工具並非毫無缺點，反之，隨時可能會有新產品取代這些科技巨獸。然而就像人們不會突然都回頭去拿智障型手機一樣，即使這些社群媒體未來以我們想像不到的形式發展成另一種工具，一旦人們形成對網路社群的需求，它們就不會消失。

過去十年來，社群媒體顯然改變了各個層級的政治生態，許多新舊世代的地方民代已經越來越重視社群媒體了。然而在此同時，還是有很多民代在玩舊的那一套，筆者也見過很多政治幕僚，對於數位工具、網路聲量等概念幾乎一無所知。

年輕族群有所謂Y世代、Z世代的區分，若我們將 Facebook 創立的 2004 年當成一個社群媒體時代的開端，那麼在這之後出生的「社群原生族群」即將在明後年可以投票了。社群媒體上的工具、平台等，如無意外，只會越來越多，如何在未來十年乃至二十年，與這些社群原生族群打交道，無疑地會是地方政治的重要一環。

第 **2** 章

組織票與它們的產地：農村中的錢與權

｜ 陳寧 ｜

／作者簡介／

陳寧，台南人，台大新聞研究所碩士，曾於天下雜誌影視中心、公共電視我們的島節目、鏡電視藝文中心等媒體擔任文字記者，關注農業、環境與生態議題，現爲自由撰稿人。

前言

選戰中常有人提到所謂的「空氣票」和「組織票」。「空氣票」是非傳統組織能夠掌握、好像散在空氣中的票（見第一章）；相對的，在地方政治的運作中，由農村經濟活動、農產運銷以及農會系統所交織出的綿密網絡，就是一種抓住「組織票」的基礎。

曾經聽一位出身中部農村的前輩告訴我，在他們家鄉，長輩們催促在外遊子回家投票，力道最強的，往往不是一般人熟悉的總統大選、縣市長選舉或立委、議員等民意代表選舉，而是農會選舉。有些選舉如果沒返鄉投票還情有可原，但每逢農會選舉可說是「一票都不能少」。

這樣的經驗，聽在都市人耳中，難免會感到不可思議。不過，農會選舉就是一種讓「組織」可以練兵的機會。地方派系藉此動員，來盤點手上的組織成員能夠貢獻多少票數。等到各級公職選舉到來，已經練過兵的組織就可以進一步在選戰中發揮影響力。

為什麼農村能夠生長出這麼嚴密的組織？這些組織和本書所探討的地方政治又有什麼關係？在進入正題之前，我們得先了解台灣農村社會的人際互動，以及和農業生產相關的經濟活動是如何運作。

從產地到市場的那張網

農村的經濟活動，從農人在田間勞動，種出各式各樣的作物開始，接著就是農產品要如何在市場上談個好價錢，順利出售，換成現金。販售農產品的過程，從產品的集貨、分級、選別、包裝、運輸、加工、儲藏、批發、零售、促銷、市場資訊收發，就是所謂的「農產運銷」。[1] 由於農業生產的地點遠離人口密集的都會區，為了要趕得及在隔天早市開張時，讓城市消費者有各式各樣的新鮮產品能夠選購，蔬果從產地採收，再運送到各地果菜批發市場拍賣、出貨，都是在大多數人還在沉睡的夜晚進行。

台灣的農業型態一直以來都是以小農為主，根據民國 109 年農林漁牧普查，每一農戶平均經營面積僅 0.77 公頃。不僅農戶規模小，經營方式也屬於勞力密集的型態，農民的日常生活幾乎是牢牢綁在土地上，每天為著各式各樣的農事忙碌，很難有離開田地的閒暇時間，到外面和不同社經階層的人進行交流，以致早期的農民在資訊的取得上比較封閉。另一方面，農業生產是「看天吃飯」，收成好壞高度受到自然因素影響，有些一年一收的作物，只要一次氣候異常，就會影響到農民該年度的收入。再加上，作物經過採收，離開田間之後，新鮮度就開始下降，小農必須和時間賽跑的情況下，提高了即時將作物售出的壓力。資訊封閉、看天吃飯、

1　許文富，2004，《農產運銷學》，台北：正中書局。

即時賣出的壓力，使得農民的日常運作幾乎完全掌握在盤商手上。

相較於資訊封閉、在產銷體系中處於被動的農民，盤商則是在南來北往的過程中，一面向農民收集農產品，一面將農產品銷售至全台各地。他們是資訊流通與傳播的轉運站，這裡所指的資訊，不僅僅是農產品的產地價、批發價、零售價這樣的資訊，甚至包含各式各樣關於人的消息，例如誰誰誰需要就醫、誰誰誰的適齡兒女要找結婚對象、誰誰誰的小孩要到外地求學該如何安排等等。

盤商有時也是農民借貸的對象。當農民準備新一期種植的開始，往往需要前期資金投入，例如購買資材、種子、種苗、肥料等等，很多時候這一筆資金經常是由盤商先行代墊，等到農產品收成、出售之後，再從營收當中扣除償還。也有農家遭遇變故，緊急需要金援，但政府體制所能提供的服務總是有所不足，這時盤商就填補了這個空白。

盤商對產業的發展也有一定的影響力。以栽植香蕉為例，如果蕉農選擇在採收之後，自己開著小發財車，停在路邊販售，他固然很容易就可以接觸到消費者，但透過這種方式接觸到的人數卻非常有限。如果蕉農希望可以進到外銷市場，那麼他的香蕉必須經過「採後處理」程序。因為香蕉在自然狀態下採收後，熟成的時間較長且不一致，難以掌控品質，於是香蕉必須在還未熟、也就是綠皮階段進行採收，然後整批送到集貨場進行人工催熟。催熟之

前，香蕉還要經過分級處理，接著送到 14-16 度 C 的環境預冷一至兩天，之後才用嚴格控制溫度與濃度的乙烯加以催熟。

台灣的香蕉外銷始於日治時期，在 1950 至 1960 年代達到巔峰，1965 年 7 月高雄港完成了總面積占 7,800 平方公尺，雙層式的香蕉恆溫倉庫「香蕉冷氣庫」，不僅規模為東洋最大，要價更高達 4,100 萬元。[2] 從集貨、分級、催熟、航運到終端銷售，如果沒有盤商龐大的資本支撐，根本無法把一個個蕉農所栽植的香蕉給賣到國外去。資本越是雄厚的盤商，政商影響力越是強大。

無論從社會網絡或還是產業鏈，我們都不難看出農民對盤商的依賴是如何形成的。於是一旦盤商成了地方政治人物的樁腳，甚至盤商自己本身成了政治人物，如出身雲林、具有幫派背景的國民黨前立委林明義，其家族就是靠竹筍買賣致富，那麼我們就不難想像，在人情的壓力與經濟因素的考量下，這些長期積累而成的關係會成為某一股政治勢力的「基本盤」，或者是「組織票」。

現代農產運銷的興起

從 1946 年至 1968 年的這段期間，台灣的農業政策著眼於土地改

2　古關喜之，2008，〈臺灣香蕉產業發展與日本市場的關係〉，《臺灣文獻》，59（4），235-262。

革、改善生產技術、提高農業生產力；1969 年之後則把重心轉移
到改善農產品運銷制度，目前在各縣市皆可見的大型果菜批發市
場，即是在 1970 年代開始規畫並陸續興建。到了 1974 年，行政院
開始籌設全台性的農產運銷公司，即現今「台北農產運銷股份有
限公司」的前身，股東則由省市政府、農民團體和運銷業者共同
組成。[3]

如前文所述，生產規模小的農民高度仰賴資本雄厚的盤商，換一
個角度來看，很難不去認為盤商是在「操縱」價格與市場，使得對
市場資訊掌握度不夠的農民總是居於弱勢。這也是為什麼農政單
位要輔導成立共同運銷制度，希望藉此可以提升農民的議價能力。

共同運銷制度是把一個地區內的小農集結起來，經由農民團體協
助，例如農會或是合作社，將這些小農的產品集中到地區型的集
貨場，再統一送至交易平台（如台北農產運銷股份有限公司，以
下簡稱北農）銷售。透過這樣的做法，讓小農發揮團結力量大的
效果，能夠和買方集體議價，不用再像過去那樣只能由每個小農
獨自面對盤商。對於買方來說，也可以省去四處奔波、找尋農產
品貨源的人力物力，提升了農產交易的效率與透明度。

---

3 臺灣農產運銷發展史編輯委員會，2016，《台灣農產運銷發展史》，台北：中正
　　農科基金會。

伴隨著共同運銷制度的還有農產品的分級包裝制度。從田間採收
來的農產品，難免會有大小、規格、成熟度參差不齊的現象，對買
方來說，買進一批農產品之後，還要再花費時間去蕪存菁，十分耗
時耗力。這項工作如果在產地端集貨時處理好，不僅買方便利，
也可以讓農產品依照不同的等級標示不同的定價，進而提升農民
收入。除了分級之外，農產品的包裝也必須改善。早年，農產品
的裝載並沒有固定的容器，不僅在運輸過程中容易產生損傷、影
響品質，每個容器的單位重量也不一，經過農政單位輔導之後，
才漸漸發展出規格化的專用紙箱。根據北農統計，[4]1973 年共同運
銷制度開辦之初，全台僅有六個共同運銷單位，蔬果交易量僅占
全國的 2%；到了 2017 年，已成長到超過一千多個單位，蔬果交易
量占全國 49.4%。儘管如此，共同運銷制度與傳統行口、盤商，這
兩種運銷模式，仍然共存在台灣的農產運銷結構中。

北農的成立還帶來一項重要的變革，就是蔬果拍賣制度。拍賣制
度的好處在於公開、公平、公正，讓每天從全台各地運往台北的
上萬件蔬果，能迅速完成交易，同時讓農民在交易完成後可以立
刻清算並收到貨款。由於北農交易量為全台最大，每日的拍賣價
格成為全台各地蔬果交易的指標。

表面上看起來，北農是一個農產交易的重要平台。那為什麼北農

4　台北農產運銷股份有限公司，2018，《農產運銷報導》，vol.7.

的經營權竟然會成為各方政治勢力進行角力的場域？從北農的股權結構，或可看出一些端倪。北農的股權結構是這樣分配：公股占45.52%，包括行政院農委會22.76%、台北市政府22.76%；民股占54.48%，包括台灣省青果運銷合作社9.48%、農產品販運商及其他20.19%、各級農會24.81%。股權結構決定了北農23席董事的分配，也決定了北農董事長與總經理的人選。也就是說，北農的人事受到農委會、北市府與農會系統三方的影響。

農產運銷系統的發展，固然造福了農民，但從另外一個角度來看，共同運銷制度也決定了各式農產品的規格與標準，北農拍賣制度與農會的金融體系，則掌握了農民的收入來源，從集貨到銷售，從田間到市場，這套運銷系統透過各級農會，把各地農村和每個農戶交織成一張綿密的聯絡網。作為這張網的重要核心，北農的人事自然成了兵家必爭之地。

農會選舉解密

另一方面，理論上應該要服務農民、照顧農民的地方農會，其內部也在特殊的選舉制度下黑影幢幢。

過去的政治學研究多使用恩庇—侍從主義的概念，來描述國民黨和地方派系、民間組織之間的關係，即透過經濟特權的授與，換取民間社團意見領袖的支持，來鞏固其統治正當性。研究並指出，[5]

在恩庇—侍從主義的體制中，人民團體是政黨選舉動員不可或缺的一環。本文所關注的農會，就是這種體制下的一種民間組織，但究其實又和一般民間組織不同。到底哪裡不同呢？

起源於日治時期的農會，在殖民時代並不是農民的自主團體，而是統治者推動農業政策的助手。到了戰後的農會也同樣接受政府交辦與委辦的業務，如公糧收購、農業貸款、農業推廣教育等。這使得台灣的農會在業務上雖然與其他國家常見的農業合作社或農民協會類似，但屬性上被認定具有「公法人」的色彩，從而在台灣的社會發展中扮演了一種特殊的角色。

農會選舉的方式和一般民眾熟悉的公職選舉不同，一般的公職人員是由區域有選舉權的選民直接投票選出，農會的選舉則是間接選舉。第一階段先由農會會員以一人一票的方式選出會員代表，接著由會員代表選出理監事，最後再由理監事選出理事長。

理監事選舉通常是農會選舉中，最關鍵也是競爭最激烈的一個階段。2001 年以前，理監事選舉是採取全額連記投票制，每位會員代表可投下的票數等於應選出的名額，假設該次選舉應選出理監事五位，每位會員代表就可以投五票。在這樣的制度下，只要掌

---

5 江欣彥，莊姿鈴，王業立，2006，〈人民團體選舉制度之研究——單記、全額連記、限制連記法之影響〉，《選舉研究》13 卷 1 期（2006 / 05 / 01），P1-42。

握超過半數的支持者，就可以贏得所有席次，使得農會選舉結果形成「大者恆大」、「贏者全拿」的態勢。

也正因為只要掌握會員代表的投票動向，就可以掌握理監事席次，等於也拿下了理事長與總幹事的人事權，使得農會選舉出現許多歪風，除了賄選之外，恐嚇、把會員代表整批押去「集體出遊」、限制人身自由等暴力事件屢見不鮮。為了拉票、固票而無所不用其極，使得選舉過程經常黑影幢幢。1997年彰化縣芳苑鄉的農會選舉更發生過駭人聽聞的活埋命案。當時的農會總幹事林媽賞與芳苑鄉長陳諸讚兩人角逐農會經營權，由於勢均力敵，加上黑道勢力介入，拜票過程一旦兩方人馬相逢，場面總是衝突連連，十分火爆。最終爆發了林媽賞陣營的助選員鄭明赫被擄失蹤並遭到活埋致死的案件。被害者鄭明赫具有黑道背景，而犯案的主嫌是陳諸讚陣營的支持者，名列十大槍擊要犯的黃主旺。

為了遏止農會選舉歪風，《農會選舉罷免辦法》在2001年進行修正，由全額連記法改為二分之一限制連記法，也就是每位會員代表可投下的票數不能超過應選出名額的二分之一。假設今天應選出理監事九位，那麼每位會員代表至多只能圈選四位候選人。選罷法的修正遏止了大者恆大的局面，讓不同派系的勢力得以較平均地反映在理監事席次的分布上。話雖如此，這不代表農會從此和賄選脫離關係，農會理事長選舉時，如果理事分別來自不同派系，那麼透過買票來爭奪領導權，仍是地方上時有所聞的事。

2022 年 3 月，農委會提出《農會法》修正草案，大幅加重農會選舉賄選行為的刑責。現行《農會法》對於賄選處三年以下有期徒刑，得併科九萬元以下罰金，修正案則提高為三年以上、七年以下有期徒刑，併科一百萬元以上、一千萬元以下罰金。草案一出，引來中華民國農會總幹事張永成批評，說修正案是把純樸的農民當成殺人犯、販毒犯。[6] 至今這份修正案仍然躺在立法院中，沒有進展。

有了權力，就有了財力

掌握農會經營權又有什麼樣的好處呢？關鍵詞就是農會的「信用部」。走訪鄉間時，經常可以在農家見到印有「有錢存農會，沒錢農會借」這句標語的各式宣傳品。然而，農民辛苦耕作攢下的積蓄，進了農會之後，卻常常成為某些地方人士的私人金庫，每逢選舉，需要買票錢，自然也是「農會借」。

1990 年代，地方基層金融機構超貸、盜用公款、捲款潛逃等亂象達到高峰，其中最知名的，就是 1995 年彰化第四信用合作社的擠兌風暴。這起事件源自合作社總經理葉傳水連年盜用存款去炒股，導致虧空 28 億。消息一出，害怕存款人間蒸發的存戶紛紛湧入四信，急著將錢提出，粗估在 1995 年 7 月 31 日這日存戶總共

---

6 〈農會法修法惹議 農會幹部：台灣竟跟共產國家一樣？〉，聯合報，2022.03.18，
  https://udn.com/news/story/6656/6174252

提領了高達20億元。[7]四信擠兌事件雖然和農會信用部沒有直接關係，但這正是那個年代，民代、派系和地方金融機構猶如「三位一體怪獸」的縮影：彰化縣的八家信用合作社，據傳由紅、白兩派分別盤踞，四信是白派掌握，六信則是紅派掌權，[8]專業監理機構就算想介入也會有所顧忌。彰化四信的擠兌風波，更接連影響台灣各地農會信用部，引發一連串骨牌效應。光是在1995年下半年就發生了：9月，屏東縣萬巒鄉農會因謠傳即將倒閉，流失15%的存款；10月，新竹縣新豐鄉農會爆發超貸案，流失31%的存款；12月，金門縣農會總幹事因超貸案收押，流失25%的存款。[9]

超貸的操作手法，最常見的便是「爛地高貸」，將價值極低的畸零地，甚至是已經被偷埋入廢棄物的農地，作為抵押標的，透過鬆散的估價程序，貸出不合理的超高款項，以及使用人頭帳戶借貸。[10]農會信用部因而淪為地方人士的私人金庫。1996年，時任桃園縣長劉邦友，因為包庇中壢農會超貸案，未盡主管長官職責，遭到監察院彈劾。我們從監察院公報的紀錄中可以一窺超貸是如何發生的。1992年至1994年間，當時的中壢市農會總幹事謝乾生與其同夥，收購不可用來貸款的保育地、林地、道路用地等，以及農

7 〈彰化四信擠兌超過30億〉，華視新聞，1995/08/01，https://news.cts.com.tw/cts/money/199508/199508011775818.html

8 〈推諉卸責 金融變色〉，《天下雜誌》172期，1995-09-01。

9 中央存款保險股份有限公司，2015，《三十週年紀念專刊》。

10 詳細手法見吳音寧，2007，《江湖在哪裡──台灣農業觀察》。新北：INK印刻。

地、建地十數筆，再以不知情的人頭向農會申請貸款，並串通信用部主任謝清獅、秘書鄧梅枝，授意放款承辦人邱慶堂，製作不實徵信資料，最高超估達公告地價27.8倍，先後貸出了40.4億金額。1995年，謝乾生等人因涉冒貸案遭桃園地檢署收押，隔日中壢市農會即爆發擠兌，一天之內就被提領了近17億元，整起事件總計讓該會信用部流失73.3億存款。

一般評估金融機構的經營是否穩健，有一項叫做「逾放比」的指標，指的是借款人積欠本金利息超過清償期3個月的金額占總放款的比率。根據財政部金融局統計室在2003年所發布的統計，1995年時基層金融機構的逾放比為4.02%，本國銀行為2.85%，到了2002年，基層金融機構的逾放比上升到15.4%至18.2%之間，本國銀行僅6-8%左右。[11]

地方金融機構與農會信用部的種種腐敗事蹟，惡化到政府不得不面對的程度，但處理方式也僅是指派公營銀行出面承擔資金缺口與存戶的權益，用挖東牆補西牆、「全民買單」的方式解決問題，而那些被偷天換日、中飽私囊的鉅款卻早已追不回。

走筆至此，本文已大致勾勒出一幅農產運銷與農村金權流動的圖

---

11 張文賢，2002，《農會信用部改革政策方向之研究》，政大行政管理碩士學程碩士論文。

像。先是透過掌握農產運銷，累積財富與地方人脈組織，再進一步掌握農會運作，接著從農會信用部吸取更多資金；這些金流又再度進入地方政治的循環——用金錢掌控更多的組織，鞏固權力，讓家族中的二代、三代透過教育或出國留學等方式漂白，再讓他們回到這個系統中，擔任農會職務，或競選地方民意代表與公職。透過農村經濟行為衍生出的組織，可以投票選出農會總幹事、農田水利會總幹事，也可以轉換成鄉代表、村長、議員、立委等選舉的票倉，交疊形成地方上一股股難以撼動的勢力。

隨著時代流轉，產業型態更迭，近年來由於青年農民的投入，使得農產運銷出現了多樣的面貌，網路的興起讓農民更容易自創品牌，消費者更容易直接和農民購買，再加上現代化的通路商和農民契作，導致商業模式產生改變，農民有了多樣的銷售選擇，未必要繼續依賴共同運銷或是盤商。

雖然農產運銷的型態鬆動了，農業的經濟行為未必要再依賴傳統的網絡，農村的政治參與仍然固守著傳統而封閉的遊戲規則。相較於移居城市的旅外人口，牢牢綁在土地上的鄉村人口，有著低廉的投票成本，熟練的動員系統，極高的忠誠度。當空氣票仍然飄忽不定難以捉摸時，農村中的組織票始終是地方派系最忠實的基本盤。

第 **3** 章

牢籠之內還有牢籠：從2022年地方選舉觀察台北市平地原住民的政治結構

| 簡年佑 |

／作者簡介／

簡年佑，阿美族名Akoy。台北大學法律系畢業。父親來自花蓮玉里Tokar部落、母親爲金門人。在新北就學、成長的都市原住民青年，對「故鄉、家鄉、原鄉」概念感到躊躇。現爲政治工作者。

前言

2022年九合一大選投票日當天,台北市平地原住民議員候選人吳郁瑾Sawmah Kawlo位於南港的競選總部,從傍晚近五點開始陸續聚集了神情略顯緊張的阿姨和長輩們。她們在電視螢幕前或坐或站,看著各個地區、各個候選人的開票結果。

「看哪裡?到底是在哪一台?」
「有嗎?這個只有講『他們的』議員餒!」

競選團隊與支持者、後援會幹部,不斷在不同電視台之間切換,此刻阿姨們的老花眼鏡後邊,焦灼的眼神幾乎要迸出火光。

「一般」選區的議員候選人此時通常會在選區內的各投開票所部署監票人員,以便即時回報得票數,更快一步得知選舉結果。然而,Sawmah Kawlo這個開票現場卻有著無法達成監票、報票的現實阻礙。最後,阿姨們索性放棄開票較「迅速」但大多僅關注六都縣市長結果的新聞台,改而將頻道定在原住民族電視台,螢幕下方的跑馬燈正顯示台北市平地原住民議員的得票情形。

前置作業困難:虛無的選票分析基礎

時間倒轉至三個月前,民進黨確定台北市議員第七、第八選區將

採用徵召方式，在那之前，各選區的黨籍候選人已大致於五月下旬、結束初選後出線並起跑作戰。原民議員候選人是最晚才確認的。

對一般選區的候選人來說，競選團隊在擬定策略前，勢必要對選區過去幾屆、各區別和各里別的選舉結果進行分析，從整體投票率、候選人得票數與得票率、各政黨得票數與得票率當中，找出對應的「票倉」以及「游離票」的地理區塊。越是基層的地方選舉，越是需要對選區的地理區塊進行深入的比較分析，如此才能針對不同的區塊研擬出不同的選舉策略。

以上提及的基本前置作業，對一般選區來說是「不可缺乏」，對台北市第七、第八選區而言卻是「天方夜譚」。

在進一步說明之前，我們必須先知道：台北市共有十二個行政區，兩兩劃分而成第一至第六選區，既然如此，為什麼又有第七、第八選區呢？這兩個選區究竟位於「何處」？又是哪些人具有選舉人資格，可以投給這兩個選區的議員候選人？

答案是：台北市議員選舉的第七選區屬於「平地」原住民，第八選區屬於「山地」原住民，而這兩個選區的地理範圍，都是「整個台北市」。也就是說，原住民市議員選舉，無論平地或山地，他們的選區都與市長候選人相同，包含台北市的十二個行政區。

雖然選區包括全台北市，但並非只要設籍台北市的選民都能投給原住民議員候選人，只有具原住民身分的台北市選民，才可以投給原住民選區的議員候選人；而且，原住民選民也「只能」投給原民選區的議員候選人，他們無權投票給依行政區劃分的區域議員。另外，第七、第八選區是分隔獨立的，必須是平地原住民選民才可以投給平地原住民（第七選區）的議員候選人；必須是山地原住民選民才可以投票給山地原住民（第八選區）的議員候選人。

舉例而言，戶籍設在北投區的阿美族族人Ａ，只能投給第七選區的平地原住民議員候選人，不能投給第一選區（士林北投）的議員候選人，也不能投給第八選區的山地原住民議員候選人。議員層級如此，立法委員亦是如此，只不過中央層級的民代，就是以整個台灣作為選區範圍。

至於誰是平地原住民？誰又是山地原住民？按目前法律規定，[1]是依照族人本人的直系血親尊親屬，在「台灣光復前」的戶籍所在地，位於「平地行政區域」或「山地行政區域」內而定。換句話說，就是按照日治時期的行政區域劃分，看這個族人的父母、祖

1　已被宣告為違憲、目前待立法院修法的《原住民身分法》第2條規定：「本法所稱原住民，包括山地原住民及平地原住民，其身分之認定，除本法另有規定外，依下列規定：一、山地原住民：臺灣光復前原籍在山地行政區域內，且戶口調查簿登記其本人或直系血親尊親屬屬於原住民者。二、平地原住民：臺灣光復前原籍在平地行政區域內，且戶口調查簿登記其本人或直系血親尊親屬屬於原住民，並申請戶籍所在地鄉（鎮、市、區）公所登記為平地原住民有案者。」

父母，或是再往上溯及的直系長輩，是住在屬於平地還是山地行政區。通常一位族人是平地或山地原住民，在其戶口名簿中已有註記。

回到 2022 年台北市議員選舉，為何上述的基本前置作業在原住民選區「想得卻不可得」？

缺乏前屆數據作為比較基礎

台北市平地原住民議員選區依法應選一席，在上一屆 2018 年選舉出現「同額競選」的情形，僅有中國國民黨提名的現任議員李芳儒參選。該屆投票率在一般選區接近 66%，平地原住民選區則接近 55%，低於一般選區的投票率。這個數字難以推斷是因為同額競選導致選民投票意願低落，又或者有其他原因。若再觀察李芳儒該屆的得票數與催票率，[2] 在同額競選的情況下，李芳儒獲得 3,598 張選票，催票率大約落在 51.67%，接近原住民選區的投票率。但我們所知的數據資料就只有這麼多，難以作為擬定選舉策略的基礎。

其他層級選舉與先前議員選舉的可比較性低

如果把 2014 年的議員選舉加進來，再加上 2016 年、2020 年的立

2　亦即：得票數除以該選區所有選舉人數的百分比。相較於僅以得票率分析，一般情況下較能看出基本盤變化，以及不同陣營間號召支持者投票給該陣營的實際情形與消長。

委選舉資料合併觀察，則原住民選區能做的得票分析仍舊與一般
選區相差甚遠。由圖3-1可知，2014年在民進黨有提名候選人的
情形下，平地原住民選區的投票率與2018年民進黨沒有提名候選
人的差距僅有3%左右；若以2016年與2020年兩次原住民立委選
舉來看，10人參選的2020年投票率比13人參選的2016年高了約
13%，而2016年立委選舉的投票率跟2018年同額競選的議員選舉
差不多。

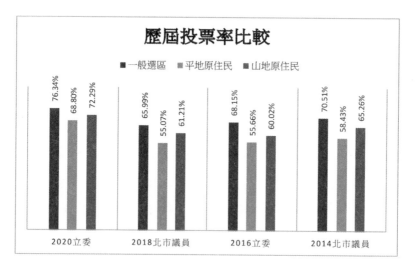

圖3-1：2014年與2018年議員選舉、2016年與2020年立委選舉投票
率比較。資料來源：中選會選舉資料庫網站，整理製圖：簡年佑。

由兩個不同層級四次選舉的投票率來看平地原住民選區，我們很
難說「中央層級選舉的投票率一定比地方層級選舉來得高」或者

「同額競選則整體投票率一定會下降」，從而也難以斷定「2018 年未投票的選民，有較大可能為綠營支持者」，或者「把投票率衝高，則挑戰者較有勝選機會」。

再往前追溯歷屆台北市平地原住民議員選舉的話，1998 年披掛民進黨戰袍的陳秀惠（之後在 2014 年出任台北市原住民族事務委員會主委）獲 1,062 張選票支持，得票率超過 33%，而該屆當選者李銀來囊括了 66% 以上的選票，陳秀惠雖然敗北，卻是歷屆以來國民黨籍以外的候選人當中成績最好的一位挑戰者。

即便如此，1998 年陳秀惠的得票情形，仍然難以作為 2022 年台北市平地原住民議員選舉的參考。原因出在各直轄市議員選舉的法源依據：《直轄市自治法》。這部法律在 1994 年通過施行時，新增設置席次之規範：「該市有原住民人口四千人以上，需設『直轄市原住民議員』席次。」[3] 法律明文規範「原住民選出之市議員名額」，但未再區分山地原住民、平地原住民，席次亦僅有唯一一席。法律公布施行後，1994 台北市議員選舉首次設置原住民議員一席，由李銀來當選。

1998 年的地方選舉同樣適用《直轄市自治法》，所以台北市原住民

---

3 《直轄市自治法》第 14 條第 2 項：「市有原住民人口在四千人以上者，於前項總額內應有原住民選出之市議員名額。」

議員選區是「不分山平原」的。也就是說，台北市民中的原住民族人，皆能在該選區參選，也都能投給該選區的原住民議員候選人。

而後在 1999 年 1 月《地方制度法》取代了《直轄市自治法》，但山平原單一選區、只選出一席議員的選制設計仍未變更，要到 2010 年 1 月《地方制度法》修法，才在直轄市原住民議員席次設置項下增訂「平地原住民人口在二千人以上者，應有平地原住民選出之議員名額、山地原住民亦同」的規範。[4] 自此，台北市議會將設兩席原住民議員，一席由設籍台北市之平地原住民選出，另一席則由設籍台北市之山地原住民選出，兩者選區隔離。

總而言之，1998 年的台北市議員選舉，無論是平地原住民還是山地原住民，都可以將票投給代表民進黨參選的陳秀惠；但是到了 2022 年，選制已經改變，只有平地原住民可以投票給 Sawmah Kawlo。兩次選舉的目標群體不同，使得 1998 年的選舉結果無法成為 2022 年的參考資料。

選區特性、選民分布與一般選區完全不同

前一小節的討論主要是，由於台北市議員原住民選區及席次的選

---

4 《地方制度法》第 33 條第 2 項第 1 款第 2 目：「原住民議員名額：有平地原住民人口在二千人以上者，應有平地原住民選出之議員名額；有山地原住民人口在二千人以上或改制前有山地鄉者，應有山地原住民選出之議員名額。」該條文現行文字亦同。

制設計，造成過去挑戰者的選舉結果無法作為2022年地方選舉的分析基礎。本小節要說明的是，何以一般選區的選舉結果無法作為原住民選區擬定策略之參酌。

台北市第七選區（平地原住民選區）的地理範圍與一般市議員選區有別。假若第一選區的競選團隊須針對士林區、北投區共93個里的各里別得票情形進行比較分析，那麼第七選區的競選團隊就得針對台北市十二個行政區共456個里的各里別得票資料進行比較分析。話說台北市平地原住民的選民分布是非均值的，以行政區來看，歷屆選舉當中非國民黨籍候選人得票數最多、得票率最高的區域位在南港、內湖，不過平地原住民的人口數和選舉人數本來就是南港區及內湖區最多，即使偏綠陣營在這兩區得票較佳，仍然不能據此確定這兩區就是綠營票倉。由於無法以「得票多寡」及「里別或次分區範圍」進行交叉比對，來找出「偏藍」和「偏綠」的區塊，當然就難以安排候選人進行拜票和掃街等所謂陸戰行程。

台北市議員平地原住民選區還有一個與一般選區較大的差別，就是選舉人數太少，[5] 若將計票尺度以里別作為標準，則各里選舉人數大多只有個位數、十位數而已，當族人搬離遷出使得選舉人數

5　2022年台北市平地原住民選舉人數計：7,178人。資料來源：中選會選舉資料庫網站。

下降，那麼討論得票數或得票率就變得沒有意義，也無法據此研擬有效的選舉策略。

綜上所述，對一般選區來說是必備的選舉結果分析，在台北市平地原住民議員選舉這一塊卻很難做到。另外，前面提到的李銀來，自從1994年代表中國國民黨當選首屆台北市原住民議員之後，又連任三屆，卸任後由其子李芳儒接棒，如今也已經第四屆，父子兩人握有台北市平地原住民議員這一席已經將近30年，無怪乎很容易讓人得出「原住民只投藍」的結論。

「怎麼連看都看不清楚？」的選民面貌

一般選區在針對前幾屆的結果進行分析了解之後，就會展開緊鑼密鼓的選舉行程，也就是所謂的「陸戰」。那麼，台北市的平地原住民議員候選人在無法透過以往的數據進行有效研判、進而精準打擊到有投票權的選民之下，直接採用一般議員候選人的「勤跑」策略，就有機會彌補先天的不足嗎？

我們拿鄰近台北市的新北市來比較。新北市的平地原住民人口較多，且除了有都市型原住民聚落，例如新店的溪洲部落、中正國宅一帶，更有較明顯聚集的區域，例如樹林、汐止樟樹。新北市的平地原住民議員候選人通常會把這些區域視為拜票的重點，多走動曝光，多參與活動。但是，台北市的平地原住民選民卻沒有

特別顯著的聚居區域，除了內湖區因為有國宅，所以有數十戶平地原住民家戶，除此之外幾乎沒有一般意義的「選區」。

因此，要像都會型地方選舉那樣站路口、掃市場，不要說很難評估有無效益，連是否會碰到選民都無法確定。在時間極為有限的前提下，無論是可能有比較多支持者的區域，或是可能有比較多有投票權的選民（設籍台北市並且是原住民），這兩種「有票的地方」都很難找到。有時，即使是在同為民進黨陣營的造勢活動上，我們也會發現鮮少有「可以投票」的支持者。

非均值的選民分布，以及無法獲知「哪裡遇得到選民」，「找不到、到不了」，就是 2022 年 Sawmah Kawlo 挑戰台北市平地原住民議員時最感到棘手的問題。

既然陸戰行不通，空戰總可以吧？在 Sawmah Kawlo 的選戰當中，許多有過選舉經驗的前輩紛紛給了建議，他們不約而同地指出要打「空戰」：透過網路媒介，更快、更準地將競選文宣或議題操作，傳遞給目標群眾。

首先是建立臉書粉絲專頁、Instagram、LINE 官方帳號，這是近年來的選舉，無論層級、不分黨派，所有候選人的參選起手式。文宣的形式則包含影片、直播、平面攝影圖文、政見圖卡、政治評論短文等等。比較有餘裕的團隊還會針對傳統媒體（平面和電子

媒體）安排新聞曝光。

同意空戰為優先考量之後，下一個要思索的便是：「要提供什麼內容」與「要給誰看」。進一步討論「內容」，最首要處理的恐怕就是「政策願景」。

候選人所提出的每一項政見，在最好的狀況下，都應該對應到一群目標選民。比如搶攻新手爸媽票，就要端出托育、減輕育兒負擔的政見；召喚返鄉青年支持，必須端出可以提供更多工作機會的配套政策；吸引進步價值的選民力挺，就得對重要議題或事件表態。但是，在台北市原住民選區，連掌握目標選民在哪裡都很困難，更不用談到底要端出什麼樣的「牛肉」了。

更深入地說，台北市原住民選區的選民存在於兩種框架之下：部分族人對族群身分的認同並沒有深厚的連帶，而是想要更加融入台北市的都會生活。部分族人則想要鞏固與原鄉、原生部落和其所屬族群文化之間的關係，並且希望能夠透過政策輔助來建立更強的認同連結。

與此同時，原住民選區還有福利措施導向的選民需求，那就是建立在「原住民身分」之上的獎助、補助、減免等金錢給付，或者求職輔導、母語學習、祭儀活動等福利政策。

對前一類族人來說，在遠離原鄉來到都會區後，部落的語言和文化已經顯得陌生了，「原住民身分」因而並未帶來特別意義。這個身分還可能成為就學、就業時亟欲擺脫的「標籤」；又或者少部分族人遠赴台北的肇因，正是經歷過因族群身分帶來的苦痛。另外，有能力設籍在台北市的原住民族人，有較大的機會是經濟社會條件較佳者，所以福利給付政策對他們而言就沒有那麼大的吸引力。

在此必須特別強調原住民個人或家戶的異質性，無法整體而論。問題來了，這些不同經濟社會背景、不同需求、關注焦點不同的選民，在整體選民當中的占比有多少呢？在這些數字無從得知的情況下，說什麼「設定目標群眾、擬訂相應政策」，都是不切實際的。

基於前述情形，台北市原住民議員選區中的選民面貌、選民結構，相較於一般選區來得更複雜、更不容易辨識，因此要在這個選區製作文宣就需要更細膩的「政治判斷」。譬如 2022 年地方選舉期間，司法院憲法法庭做出判決，肯認平埔族群的法律上原住民族身分。此項議題高度政治敏感，不確定選民是否會接納平埔族群回歸群體，因此究竟是要積極表態支持，或跟從部分平地原住民民代疾呼不可行，對候選人和選舉團隊無疑是重大課題。

再如原住民族較多信仰基督教或天主教，因此在文宣上常會引用聖經箴言，但教友在都市選民當中的占比究竟有多少？如果以此

作為和選民溝通的語言，是否會無法顧及到其他票源？另外，台灣平地原住民事實上包含好幾個族群，其中以阿美族人口最多（在台北市亦同），那麼在製作文宣時是否要涵蓋所有族語？如果選區內的卑南族、排灣族、魯凱族人太少，基於溝通成本太高選票又太少的考量，是否就「放掉」算了？然後，無論是全面顧及還是部分放棄，實際上又會對選舉結果造成何種影響呢？

如果說議題的擇定與論述方式是「出什麼菜」，另外一個問題便是「菜怎麼端上桌、要端到哪桌」。即便是政策內容、文宣設計已經底定了，最後仍然會面臨到「如何將資訊遞送至選民眼前」的問題。

地方選舉通常倚重傳單、小冊子之類的紙本文宣，尤其是市議員層級的一般選區，甚至要針對不同區里的選民結構製作不同版本的內容，然後送至「對的地方」。舉例而言：針對偏綠、年齡層偏高、所在地需跨區就醫的選民，最好製作主張在地長照資源的小冊子，然後在當地遞送或發送。

但這種操作方式對原住民選區實在困難重重。一般選區慣習使用的派報方式，是把紙本投遞到選區內所有住戶的信箱（無論住戶是否為投票權人），但原住民選區涵蓋全台北市十二個行政區，候選人根本沒有足夠資源有辦法把文宣品投遞至每一家戶。

如果不用「傳統」的發文宣方式，而是採取「現代」的網路曝光，

也同樣會碰上窘境。以最基本的臉書廣告投放為例，技術上會面臨受眾標籤如何選擇的難題。在議員層級的一般選區投放臉書廣告，可以先針對行政區，再針對「興趣喜好」或「年齡」甚至政黨偏好等分類進行精準投放。但是在原住民選區，無論是選民的興趣、喜好、性別、年齡都難以估算的情形下，候選人陣營只能嘗試投放更多標籤，例如「張惠妹」或「張震嶽」與「自由時報」的廣告受眾連結。在政治公關業界所謂的大數據與演算法能夠更精準地針對選民投放這件事，對原住民選區來說並不存在。

最都會的區域、最傳統的選舉、最艱困的選區

換邊看連任多屆的李芳儒，「選民是否難以接觸？」並不成問題。因為父親李銀來耕耘多年，父子相傳的選民名冊已有掌握，這就是李芳儒最大的「連任優勢」。

由前述可知，即使有製作文宣，最終還是要「知道選民在哪裡」才能真正派上用場。沒有選民名冊，至少要有寄文宣的地址，沒有名冊等於不用選了。對挑戰者陣營來說，手上沒有名單、沒有地址、沒有電話可以打，是這場選舉最為困頓的障礙。就算透過一傳十、十傳百的輾轉介紹，仍舊不敵現任議員李芳儒能夠接觸到「真的有投票權」的選民所擁有的廣度和效益。

如果沒有辦法掌握名冊、精準地執行「單點式」的文宣投放，那麼

一般選區的「組織票」呢？比如說選區內的公益團體、同鄉會、宮廟等等，是否有爭取空間？

檢視各種傳統的拜票方式，就可以看出台北市議員平地原住民選區的特殊之處。首先，原住民選區確實側重「教會組織」，而非一般選區的宮廟系統，所以有若干族語聚會或原住民較多的教會，便成為候選人爭取曝光的重點，在文宣的呈現上也必須考量到為「主日」（週日）準備的轉傳圖卡。

其次，就像在一般選區影響力甚巨的雲林同鄉會等，原住民選區也有「旅北同鄉會」。只是，一般同鄉會有固定餐會和例會，各部落的旅北同鄉會要到舉辦文化祭儀活動時才會聚首。問題來了，新北、桃園各行政區均有舉辦文化祭儀活動，但台北市沒有。

其實目前設籍於都會區的族人已占全體原住民人口一半以上，明明是都會區，台北市卻鮮少辦理各族群的文化祭儀活動，導致挑戰者陣營必須跨區前往新北、桃園，先接觸到原住民選民後，再請託族人廣為宣傳，以便認識更多「設籍台北市」且是「平地原住民」的選民支持。

同鄉票、同宗票對一般選區的議員候選人來說，只是諸多票源之一；但對原住民候選人而言，來自部落與家族的關係，便是選民願意積極力挺、代為拉票的主因。最明顯的示例，就是一般選區

的候選人在拜票時鮮少刻意介紹自己的故鄉；但是原住民候選人必須在三句之內報出原鄉部落。知道選民是來自同一部落的鄰居或者鄰近部落，更理想的是他還有親戚、親戚的朋友或朋友的親戚也有投票權，那競選團隊就可以在支持者名單上多出一列鐵票。

整個看下來，其實在最都市化的選區，挑戰者陣營面臨的卻是最「傳統」的選舉。與原鄉的關係連帶左右了選局，使得原住民選區在推派候選人時，很自然就會考慮到他／她來自哪個原鄉甚至是部落、家族。

選後的初步結論與反省

回到 2022 年的地方選舉，台北市平地原住民市議員候選人 Sawmah Kawlo 競選總部的開票現場。約莫在八點前，全台縣市首長的選舉結果大致底定，各家電視台對民進黨在此次選舉的結果皆以「大敗」定錨，開票現場瀰漫低迷氣氛。

不久，台北市第七選區的已開出票數也逐漸接近選舉人總數。最終，Sawmah Kawlo 拿下 1,114 張選票，得票率接近三成。連任的李芳儒則囊括了近七成票數，成功連任第四屆。

整夜固守在總部的阿姨們，安慰起候選人與競選團隊。「已經很厲害了！這是有史以來拿過『最漂亮』的票！」「準備時間真的太短，

以後一定很有機會。」她們紅著眼眶說。雖然心有不甘，但她們已經感到很欣慰。

我們應該如何看待這次台北市平地原住民議員的選舉結果呢？是如守在總部的阿姨們所說的「已經逼近決勝點」了？還是就跟其他民進黨執政縣市的選舉一樣，因為「逆風」而嚐到大敗的滋味？如果是前者，那麼「雖敗猶榮」的基礎在哪裡？如果是後者，那下一次應該怎麼選？

以下是我們就 2022 年的選舉結果所進行的分析。

有史以來「黨外」最高「得票數」

Sawmah Kawlo 此次所得到的 1,114 張票，無論是 2010 年改制（山原平原同一選區）前還是改制後，都是歷來得票數最高的挑戰者。之前得票最高的非國民黨籍議員候選人是陳秀惠的 1,062 張選票，然而在該次選舉中第二高票的陳秀惠仍只有 33.63% 得票率，遠低於當屆當選者李銀來的六成多。

雖然以得票率看來，Sawmah Kawlo 的 29.72% 並未超過陳秀惠當年的 33.63%，但是因為 1998 年那次的選舉在改制前，無法辨別投給陳秀惠的「平地原住民」究竟占有多少比例，因此單就平地原住民選區而言，Sawmah Kawlo 的得票率也是四屆以來最高。值得注意的是，歷屆最接近當選者票數的挑戰者，皆是代表民主進步黨

參選而非無黨籍。

「催票率」的變化趨勢

此次 Sawmah Kawlo 的催票率（得票數除以選舉人數）有 15.52%，雖然比改制前 1998 年陳秀惠的 24.24% 來得低，但是比改制後 2014 年馬耀谷木的 11.62% 來得高。

值得探究的是，李芳儒在 2018 年無對手的情況下，催票率達到 51.67%，但 2022 年在有對手的情況下，催票率卻下滑至 36.70%。一般而言，若無明顯票源流失，同額競選的情況不會與有競爭對手時的催票率差太多，但本次李芳儒的催票率卻明顯下降，會不會意味著「原本的支持者在有其他候選人的情況下改變了支持意向」？

再以 2020 年立委選舉的結果來看，代表民進黨的陳瑩在台北市平地原住民的催票率約為 17.43%，與 Sawmah Kawlo 的催票率很接近。雖然無法據此就斬釘截鐵地說本次「選得好」，但或許可以說確實是較佳的得票情形。

各區、各投票所得票分析

針對更小範圍的得票情形，則可以看到本次台北市第七選區較一般選區更為有趣的現象。首先看票數，Sawmah Kawlo 得票最多的區域大致落在內湖、文山，與李芳儒得票最多的區域相同，實則

該二行政區本就屬於台北市平地原住民設籍人數最多的區域,選票基數多的前提下,較難評斷得票數多的區域就是哪個陣營的鐵票區。

其次看催票率,Sawmah Kawlo 在大同最高、北投次之,最低則出現在萬華、內湖。尤其,內湖是基數為多的情形,可以視作挑戰者陣營「輸較多」的行政區。這裡要特別注意一個與一般選區的差異,那就是 Sawmah Kawlo 在許多投開票所的得票率達百分之百,但那些投開票所的基數過小,有投票權人僅個位數,因此即使領先,票數卻非常有限。相對地,李芳儒在內湖催票率雖衰退了11%之多,但許多里別的催票率仍遠高於投票率,看得出來這個區的樁腳動員特別厲害。

再以內湖區上屆同額競選時無效票數(廢票)較多的康寧里為例。本里有供原住民家戶的國宅座落其中,是此次挑戰者陣營視為重中之重的票源區。結果顯示,雖然康寧里此次投票率高達62.70%,Sawmah Kawlo 在該里的得票數也較同區其他里來得多,但李芳儒仍贏得該里半數以上選民的支持。

總之,在此次整體投票率無顯著提升的情形下,再加上 Sawmah Kawlo 在若干里別出現「得票率超過50%但該里投票率不到四成」的事實,可見選前假設「投票率高可能對挑戰者較為有利」的情況並未發生。因此,由投票率或催票率很可能在實際得票與策略決

斷失真，應直接以各里別甚至張數細緻辨析。

「母雞帶小雞」並沒有發揮預期效應

民進黨在 2022 年的台北市市長選舉中推出具有全台知名度的候選人陳時中，與陳時中同屬民進黨陣營的 Sawmah Kawlo，也採取了與同黨市長候選人共同出席活動以增加曝光的策略，只是從得票結果看來，母雞帶小雞的效應似乎相當有限。

陳時中在台北市全區的催票率為 21.44%，高於 Sawmah Kawlo 在第七選區的 15.52%。但細究各行政區的話，陳時中在文山區的催票率僅僅比 Sawmah Kawlo 高出 0.9%；在南港區則高出 3.68%，可見至少在這兩個行政區，市長候選人對平地原住民選舉並沒有發揮太大的拉抬效應。

陳時中在一般選民之間的知名度和好感度，並沒有擴散到原住民選區。雖然市長候選人和議員候選人在記者會等造勢活動的部分行程有相互配合，但陳時中競選團隊並沒有針對族人提出具體政見，以致無法透過「空戰結合陸戰」形成更大的號召力。

反思：「原住民只投藍」在都市選區如何突破？

原住民族人可能因其工作求學等負荷，無法再投注更多時間心力參與、關注政治甚或是選舉，因而對出門投票易興趣缺缺。觀察

2014年～2022年歷屆中央與地方選舉，僅就台北市平地原住民的投票率，相較於一般選區的投票率，皆落差平均約11.45%左右。

再加上主導選戰或政治議題者，對選民面貌認識有限、對原住民選制及其影響認知不足、缺乏選舉策略的判斷基礎，許多有志挑戰台北市第七選區者，或是主流社會政治工作者對該選區的競選策略，往往僅能跨選制／跨族群，自行想像選民的組成結構羅織選舉策略，自然難以生成足以撼動目前凝滯的政治生態的變因。

尤其在台北市第七選區，更為危險的是，在選舉過程中，無論是政治語言的運用或政策針對的目標群眾，很可能因為「感覺」或「想像」都市原住民的特徵與需求，忽略都市原住民的真實處境已與在原鄉部落的處境並不一致，反而強化了既定「原住民該是如何樣貌」，無法看到在現代社會中，原住民族不同的面目與適應方式。

舉例而言，「強化原住民族認同與文化連結」或許是許多原住民民代重視高舉的政策目標。但是，在台北市生活的原住民族人，因被迫（抑或選擇之下的結果）已然與部落文化關係斷裂。以政策導引積極地「重新」建立關係及認同，對於現在的原住民族人是不是無意中形成另一種壓力？如果沒有充分對選民的困境有更多體會，不僅無法吸引更多族人「有感進而支持投票」，恐怕在選舉過程中，也會對原住民族社群內部、主流社會對該群體的認知，再

鎖進更狹隘的條框之中。

未更深入與選民互動經營、「跟著感覺走」的選舉策略，只會更限縮挑戰者的空間，也限縮主流社會、一般選區對原住民群體的理解。更迫切需要的是，同時促成原民社群內、外，更多對原住民選區、原住民選民的認識。

期許與建議

雖然 Sawmah Kawlo 無法在 2022 年的地方選舉取得勝選，以下幾點也許值得在未來的選戰中供予參酌：

一、以時間換取空間，前置作業須充分
由於選區是整個台北市，原住民候選人需要較一般選區更早的前置作業、更長的活動期間，一來是要提前擬訂競選策略、伺機進行調整，二來是要增加選民充分認識候選人的機會。

二、全面且深入地理解選區選民
與選民的實際接觸不足，是挑戰者始終無法在台北市第七選區獲得勝選的肇因之一。因此，除了透過選票分析以了解選區的輪廓之外，還可以透過如焦點團體、小型座談會、客廳會等方式，對選民之中的不同群體深入了解，以便在提出政策時擁有正確的判斷基準。

三、傳統與現代兼施

原民的文化祭儀活動固然必須掌握,一般選區慣常運用的陸戰,如市場拜票、路口宣講、座談活動,或是空戰的網路社交平台,如臉書、LINE群組等,都可以在一定程度內弭平無法掌握名冊的缺失。甚至對於主流社會的政治議題也可以適時提出評述,以期在原民社群外打開知名度,進而爭取到更多足以改變選民態度的輿論。

每一次的選舉結果都只是地方政治運作的「暫定事實」,可以作為該地方的政治偏好在該時間點的一個切面。然而民主政治是不斷交互作用、彼此牽動的「形塑過程」,政治版圖的消長雖非一蹴可幾,也非鐵板一塊。本文所述的原住民選區,雖與一般選區有異,是先天失調、後天不足的籠中籠,但我們仍舊堅信,無論是在一般選舉還是在原住民選舉,「互動就能形成改變」。經過2022年的地方選舉後,台北市平地原住民選民的偏好結構,很可能已經發生小部分的化學變化,只待有心人找到正確的變因、添入催化劑,然後造就前所未有的面貌。

第 **4** 章 —————————————————

鄉鎮市選舉的未來：從省轄市及直轄市消失的「區」自治談起

————————————————————— | 羅國儲 |

／作者簡介／

羅國儲，老家在苗栗、在台北出生、新北長大。大學開始卽以研究歷史爲職志，現在國立政治大學歷史學研究所就讀博士班。關心政治史、選舉史以及考證方法。

前言

在2014年桃園縣升格為直轄市後，全國剩下新竹縣、苗栗縣、彰化縣、南投縣、雲林縣、嘉義縣、屏東縣、宜蘭縣、花蓮縣、台東縣、澎湖縣、金門縣、連江縣等13個縣，共198個鄉鎮市。這些鄉鎮市與直轄市下的區不同，是自治的法人，享有選舉地方首長及民代的自治權力。然而近年來，關於縣以下鄉鎮市選舉是否應停辦再度掀起討論。廢除論者以為，鄉鎮市一級選舉經常被地方派系或黑道把持，選出的官員多貪汙腐敗，又常與不同黨籍的縣長對抗，使得縣長的施政難以推行等等。如果廢除鄉鎮市一級選舉，改採與省轄市和直轄市下轄的「區」一樣，鄉鎮市長由縣長指派，即可有效革除此一弊端。[1]

我國現行的地方制度法，在鄉鎮市一級可分為三種，第一種是省轄市與直轄市下的「區」，並無自治權（區長官派、無區民代表會）；[2]第二種是縣以下的「鄉鎮市」，有自治權（鄉鎮市長民選、有鄉鎮市民代表會）；[3]第三種則是直轄市下的「直轄市山地原住民區」（區長民選、有區民代表會），雖然與一般的「區」同級，卻享

---

1 柳金財，〈藍綠皆有共識的「鄉鎮市長直選改官派」，為何推了30年依然沒下文？〉，《關鍵評論網》，網址：https://www.thenewslens.com/article/158371（2022年7月15日點閱）。
2 《地方制度法》第5條。
3 《地方制度法》第14條。

有自治權。[4]這一層級的地方政府是否可以自治，照理來說應該有
相同或至少近似的條件，但實際上卻分為三種不同方式，在邏輯
上實在無法自圓其說。因此，在討論鄉鎮市選舉是否應該停辦這
個議題之前，實在有必要回顧省轄市及直轄市的「區」過去的自治
歷史。事實上，區長並非從一開始就是官派，先前也曾歷經間接
選舉、直接選舉兩階段；而早期更有與鄉民代表會同級的「區民
代表會」。也就是說，省轄市及直轄市下的「區」，曾經有過自治
的地位。本文認為，爬梳此一層級自治的始末，有助於我們討論
鄉鎮市選舉的未來。

國民政府時期的區自治

如果從法秩序的延續來看，戰後台灣市轄區的自治，應從國民政
府時期追溯起。台灣日治時期的「市」在1935年〈臺灣市制〉改正
後，才有了法人的地位，並開始選舉市會議員（名額半數民選、
半數官派）。市以下可劃分為區，並由市尹官派區長，但並無法人
地位及自治機關。[5]

相對來說，國民政府於1930年所頒布的《市組織法》，便開始有區

---

4 《地方制度法》第四章之一。
5 《臺灣市制》第37條，「臺灣市制改正」（1935-04-01），〈昭和10年4月臺灣
總督府報第2353期〉，《臺灣總督府（官）報》，國史館臺灣文獻館，典藏號：
0071032353e003。

自治的雛型出現。該法規定，市以下分為：區、坊、閭、鄰等四級，較為複雜。[6]其中鄰與今日之鄰同義，但戶數較小，僅有五戶（現今每鄰依各縣市〈里鄰編組調整自治條例〉編制有所不同，例如台北市為20～200戶，[7]新竹縣為10～100戶[8]）。各個層級都有一些現今看來有趣的自治體系，但由於篇幅問題，本文的探討以市轄的「區」為主。

區有「區民大會」，由該區公民親自出席，直接行使選舉、罷免、創制、複決等四權。但顯然一區人數眾多，不可能有一個會場大到足以容納全區公民，於是由區以下的各坊，在同一天辦理這項集會。區長及區民代表都在區民大會中選出。區長負責管理區的自治事務，並執行區民大會決議及區民代表會交辦事項。區民代表會與今日代表會職權大致相同，以審核區預算、決算為主。另一項特殊的設計是「區監察委員」，每區兩人，由區民代表會選舉罷免。區監查委員的職權，是在區民代表會休會時負責監察區公所，監察重點包括：其財政收入是否與預算不符？對區民大會及區民代表會的決議事項是否執行不力？區長及區助理員是否有違法失職的情事？等等，並可隨時檢查區公所的帳目及款產。[9]

---

6 《國民政府公報》，第474期（1930年5月20號），頁1-6。
7 《臺北市行政區劃及里鄰編組自治條例》，第2條。
8 《新竹縣村（里）、鄰編組及調整自治條例》，第9條。
9 《國民政府公報》，第474期（1930年5月20號），頁1-6。

然而，進入抗戰後，這樣一個看似直接民主的體制迎來轉折，甚至可以說是退化。1943年《市組織法》修法後，區雖然仍保有自治權限，但各項職權都遭到削減，官吏選出方式也從直接變為間接。區長不再由區民大會直接選舉，而是由區民代表會間接選出；區民代表也改由各保保民大會選出（原來區下的坊、閭、鄰改為保、甲），保民大會也非全體公民的集會，改由每戶推出一人組織。區民大會及區監察委員兩個機關也被廢除。[10]值得注意的是，這次修法後的《市組織法》，理論上直到2001年廢止時，除了1947年曾修正4條外，是仍有法律效力的。然而我們可以看到，包括戰後台灣的接收到1950年實施地方自治，實際上大多沒有遵照《市組織法》的規定。不遵照的部分可說有好有壞，但總的來說是與法治精神不符的。

1945年，國民政府接收台灣後，行政長官公署並未完全按照《市組織法》的規定來建立台灣的市級政府組織，而是自行頒布了《臺灣省省轄市組織暫行規程》。[11]根據這一暫行規程規定，市以下僅分為區、里兩個層級。區長及區民代表的選舉方式大致相同，但里民大會（與《市組織法》規定之保民大會同級）則改為全體公民參加。然而實際上的區民代表選舉又改為各里公民直接投票。在1946年3月15到3月31日，九個省轄市（台北、基隆、新竹、

10《國民政府公報》，第32卷渝字第571期（1943年5月19日），頁6-9,11。

11〈臺灣省省轄市組織暫行規程〉，收於臺灣行政長官公署民政處編，《臺灣民政》第一輯（臺北：編者，1946年），頁277-283。

台中、彰化、嘉義、台南、高雄、屏東）選出了1,620位區民代表
（全省鄉鎮市區民代表共有7,771人）。在性別比例方面，1,620位
區民代表中僅有女性6人（全省鄉鎮市區民代表共有女性20人），
市以下區民代表的女性占比（0.37%）較縣以下鄉鎮市民代表的女
性占比（0.23%）來得高。在平均年齡方面，區民代表較鄉鎮市民
代表略高，除了25～34歲此一級距占比低於鄉鎮市民代表外，35
歲以上年齡層的級距占比都高於鄉鎮市民代表。在學歷方面，區
民代表高出鄉鎮市民代表不少，專科以上占7.1%，是鄉鎮市民代
表的2.88%近三倍；中等學校的學歷占區民代表12.16%、鄉鎮市
民代表4%，兩者的差距也是三倍左右。[12] 從以上數據來看，我們可
以認為區民代表在性別比例及學歷上都要優於鄉鎮市民代表。

由於缺乏區民代表會的會議紀錄，現在很難考察其實際運作情
形。但根據目前所殘存的市參議會議事錄，我們可以發現區民代
表會確實有發揮民意代表的作用，向市參議會提出不少市政如何
興利除弊的建議，例如翻修區內道路、堤防、水門、水溝；設置
電燈；取締牛馬車通行、取締違規以維持交通秩序；救濟貧民、
抑制物價等等。[13]

---

12 臺灣行政長官公署民政處編，《臺灣省民意機關之建立》（臺北：編者，1946
年），頁37-38。
13 〈臺灣省臺南市參議會第一屆第二十一次臨時大會記錄〉，《地方議會議事錄總
庫》，國史館臺灣文獻館管理，典藏號：008a-01-21-050900-0014；〈臺灣省臺
南市參議會第一屆第六次大會紀錄〉，《地方議會議事錄總庫》，國史館臺灣文
獻館管理，典藏號：008a-01-27-050600-0108；〈臺灣省臺南市參議會第一屆第

區民代表會也提出了民主化的訴求，例如希望區長民選、[14]國大代表民選，[15]但最後並未立即實施（制憲國大代表由省參議員間接選舉）。1946年和1948年的兩屆區民代表會投票選出了兩屆的各區區長。有地區實施了政見發表會（選舉講演會），[16]投票地點大多在區公所，也有因代表出席人數不足流會，以致只能開座談會無法選舉的情形。[17]1946年，九個省轄市共64個區選出了正副區長；1948年，各省轄市行政區域略有變化，但市轄區總數仍為64個。整體而言，區自治大致順利，且已上軌道。

區長廢除民選與恢復之聲

一般認為，戰後台灣地方自治是從1950年行政院通過〈臺灣省各縣市實施地方自治綱要〉開始，雖然上一節曾提到，此前區就已經有了初步的自治，然而，隨著〈綱要〉的通過施行，區民代表會卻遭到廢除。這個綱要實際上違反了《市組織法》的精神，竟不以法律而以行政命令限縮了人民的自治權。區民代表會雖發出抗議的聲音，最後還是無疾而終。但另一方面，〈綱要〉也有進步的部

六次大會紀錄〉，《地方議會議事錄總庫》，國史館臺灣文獻館管理，典藏號：008a-01-27-050600-0133；〈嘉義市參議會第一屆第六次大會議事錄〉，《地方議會議事錄總庫》，國史館臺灣文獻館管理，典藏號：020a-01-06-050400-0029。

14〈實現區長民選 延平區民代表會決定〉，《民報》，1946年9月20日，版2。

15〈中山區民代表會決議，反對國大代表官選〉，《民報》，1946年4月22日，版2。

16〈臺中中區區長選舉講演會〉，《民報》，1946年10月27日，版4。

17〈屏東正副區長改選完竣〉，《臺灣民聲日報》，1948年11月7日，版4。

分，主要在於地方選舉層級的上升以及全面的直選化。自縣市長以下，所有民選職位一律採用直選方式，符合《中華民國憲法》第129條的規定。對於省轄市來說，區民代表會雖然被廢除，但區長可以直接民選，算是互有得失。

到了1958年第三屆區長任期即將屆滿時，開始出現檢討區長選舉的聲音。省議員陳大拔質詢民政廳長連震東表示：[18]

> 查本省五大省轄市下屬各區的區長，又屆改選之期，惟行迄今，識者以各該區一、無獨立財政預算；二、無區民代表會；三、無自然的構成自治條件，實等於各該市政府的行政分駐所，本身既非法人，又非自治單位，因之有些學者仍根據理論的立場，認為何必民選，勞民傷財？究竟區長是選的好，還是派的好，請以客觀的立場惠予指教，請問貴廳長是不是明知區長是派的好，但怕人家罵，不敢作主是不是？

民政廳長連震東回應，1949年在地方自治研究會關於〈臺灣省各縣市實施地方自治綱要〉區長民選的討論就已激烈，但因過去已有選舉，便決定繼續，後來〈綱要〉兩次修改時也有再次討論，但都維持原案。

18〈查本省五大省轄市下屬各區的區長…〉，（1958-12-01）：〈臺灣省議會史料總庫‧議事錄〉典藏號：002-03-04OA-00-6-2-0-00201。

1959年，民政廳決定修改〈臺灣省各縣市實施地方自治綱要〉，最後在修正草案中將區長民選的條文廢除。〈綱要〉交給省議會審查，許多省議員表達反對意見，例如被稱為「嘉義媽祖婆」、「五龍一鳳」之一的省議員許世賢：[19]

> 這民選官選都好，但我想我們站在民意代表的立場，應該贊成民選，不可贊成官選，老百姓選不好，由官選好，我想沒有這回事。已經付給我們的選舉權如何要送官選，老百姓的選舉權整個剝奪，而送給政府，我想沒有這種民意代表才對。各國的區長都是民選的，為什麼要已經實行民主的我們，還要倒回去，我想這很不合實際，也不合民主，所以我贊成民選，不可官選，我希望各位同仁贊成民選不要贊成官選。

省議員葉炳煌也說：[20]

> 我們的卡車很方便，如開不好要壓死人，但我們不能說它會壓死人，就把卡車廢止了，我們罰罰司機就算了，我們以為區過去效力太小的話，我們換換好的人當區長不是更好嗎？不要以為他不好，就把制度推翻了，所以我主張選。

19〈審議臺灣省各縣市實施地方自治綱要〉，（1959-03-16）：〈臺灣省議會史料總庫・議事錄〉典藏號：002-03-02EA-00-5-2-1-00017。
20〈審議臺灣省各縣市實施地方自治綱要〉，（1959-03-16）：〈臺灣省議會史料總庫・議事錄〉典藏號：002-03-02EA-00-5-2-1-00017。

最後省議員的反對並未成功。區長停止民選。有意思的是，當時是將民選區長直接轉任為公務員，繼續擔任區長。而日後士林、北投、南港、內湖、木柵、景美等原台北縣的六個鄉鎮被併入台北市時，也採取了同樣的措施。

在此之後，省議員不斷有希望恢復區長民選的聲音。如1968年省議員余陳月瑛、蔡介雄都有提案，余陳認為：「區為……自治區域……所以其首長應由人民選舉」、「改為派用似有開倒車之感」。蔡介雄也說：「一市之中，上之市長，下之里長均屬民選，為何區長獨異，此不僅有違民意且有悖地方自治之準則」；並且認為區長委派的流弊在於政治恩怨，新市長上任往往大舉調動，以安排競選功臣、排除異己；如由當地人推選，可了解地方民情、應地方需要妥善計畫積極建設。[21]1969年余陳月瑛再次提案建議區長民選，認為「市區鄉里長之選舉乃為傳統之習慣，更為地方自治之本質，區長改為官派恐貽笑後代」，又說「因為區長民選，當有任期，所以無法作弊，且有排除官僚習氣之長處，減少市民之困擾」。[22]然而這些提案的審查結果多半是「送交政府研究」之後便無下文，成為空談。但從這些言論我們也可以看出，支持民選與反對民選的理由多半與今日的鄉鎮長民選爭議相同。

21〈建議政府恢復省轄市區長民選案。〉，（1968-11-18）：〈臺灣省議會史料總庫·議事錄〉典藏號：003-04-02OA-01-5-3-01-05024。

22〈建議政府實施區長民選案。〉，（1969-11-17）：〈臺灣省議會史料總庫·議事錄〉典藏號：003-04-04OA-01-5-3-01-05022。

90年代以降的地方自治法規討論

從1990年開始，立法院便進行《直轄市自治法》及《省縣自治通則》的立法討論，正式開始準備將地方自治法制化，直轄市長民選即為其中一項重要的改革，在此同時，也有將直轄市、省轄市的區長恢復民選的意見出現。

早在1988年，《聯合報》便曾調查26位台北市議員（占當時第六屆直轄市議會51位的過半數）的意見，結果有17位贊成區長民選、5位不贊成、4位未表態。[23]1990年，台北市政府完成《直轄市自治法（條例）草案》，並分成甲乙兩案，甲案為市長民選、區長在官派或民選兩者擇一；乙案則為完全民選，並且規定應該設置區民代表會，監督區自治事項。[24]台北市長吳伯雄認為，區長民選會造成行政體制的紊亂，例如同一條路經過各區，就可能有各種不同的路燈。[25]於是到了1994年《直轄市自治法》草案審查時，民進黨雖然主張區長民選，但為了減少審查阻力，也同意國民黨的一級制方案，在協商時雙方承諾在行政區調整（台北縣市、高雄縣市合併）後再改為二級制。

1994年陳水扁當選台北市長，任內也對區自治發表贊同意見。他

23〈區長民選 大勢所趨？〉，《聯合晚報》，1988年3月17日，版9。

24〈市長民選區長官派 實施可能性較大〉，《聯合報》，1990年3月24日，版14。

25〈民選市長 有更多人事權〉，《聯合報》，1990年5月26日，版13。

主張：「區是一個自治體，而區長民選，並設置區議會及區議員，同樣由市民直選，這是最理想目標」，但是他也強調，區自治是一條漫漫長路，至少在三年內做不到。[26]他在與大安區各里長舉行座談會後，也表示區自治、區長民選是未來趨勢，但由於涉及修改《直轄市自治法》、《省縣自治法》，目前實施二級制仍有困難。

1996年，李登輝在總統直選勝選後，由副總統連戰主持，於12月23日至28日召開國家發展會議，會中做出了凍省以及將鄉鎮市長改為官派的決議。政黨輪替、民進黨執政後，也基本依循此一路線。2002年行政院提出《地方制度法》修正草案，計畫在2006年將鄉鎮市改為區、首長改為官派。然而直到2006年、2007年，陸續都有新的修正草案提出，可見受到反彈之大，以致並未實施。

2008年馬英九競選總統時，提出主張區長民選的政見，《地方制度法》也開始配合修法，以期能趕上2010年的大批直轄市升格與合併，然而最後通過的法案並未採用區長民選，而是由鄉鎮市長就地轉任區長。事實上，在1967年台北市升格直轄市後，轄區範圍擴大，接收了原台北縣的士林、北投、木柵、景美、內湖、南港等六個鄉鎮，原來的鄉鎮長也是直接改為官派區長。

2010年的直轄市大批升格，使得國土中直轄市的占比不斷擴大。

26〈北市縣合併 短期不可能〉，《聯合晚報》，1995年6月26日，版12。

台北縣獨立升格成新北市；台中縣市、台南縣市合併升格；高雄縣併入高雄市，與台北市並稱「五都」。原有縣轄鄉鎮市的民選代表會與鄉鎮市長職位也被廢除。2014年《地方制度法》修訂時，規定原住民區可民選區長及區民代表會，恢復了原住民區的區自治。2014年桃園縣也升格為直轄市，《地方制度法》的修法爭議以及是否廢除直轄市區一級選舉的相關討論，存續至今。

升格後的鄉鎮市發展

論者常以為，取消了鄉鎮市一級選舉後，可以有效阻絕鄉鎮市常為派系所把持的狀態，改善地方政治氛圍。本文以舊台北縣、桃園縣、台中縣、台南縣、高雄縣等六縣共122個鄉鎮市的末代鄉鎮市長為對象，調查究竟有無達到阻絕派系人物參政的效果？這些鄉鎮市於2010～2014年升格為直轄市後改制為區，鄉鎮市長如果需要在政治仕途上繼續發展，則必須要參選市議員甚至立法委員，由此我們可以檢視升格是否有達到宣稱效果。其結果是，42%的末代鄉鎮市長還是繼續參選。

人口數級距	鄉鎮市長人數	繼續參選人數	繼續參選比率
554,596-234,536	10	8	80%
216,748-157,200	10	10	100%
151,354-89,825	10	5	50%
86,821-74,474	10	5	50%

72,202-55,725	10	7	70%
55,252-42,993	10	4	40%
42,595-32,051	10	3	30%
31,433-25,884	10	4	40%
25,637-22,212	10	2	20%
22,009-13,776	10	1	10%
12,700-8,214	10	2	20%
7,973—1,874	12	0	0%

表4-1：2010~2014年升格直轄市的末代鄉鎮市長參選人數、占比
資料來源：內政部人口統計及選舉資料庫，整理與製表：羅國儲。

我們發現，末代鄉鎮市長的政治路途，是根據所在鄉鎮市人口數呈現兩極化的發展。人口在23萬以上的10個原鄉鎮市長，就有4個曾當選立法委員。然而人口在27,000人以下的43個鄉鎮（占升格總數122個的38.39%），其末代首長在升格後沒有一位曾當選過民選職務。如果說廢除鄉鎮市的選舉是為了防治地方派系人物繼續參政的話，那它的效果是令人質疑的。對於人口眾多的大型鄉鎮市首長來說，能夠當選首長，本身就有一定的票源基礎，當選市議員、甚至更上一層當選立法委員的可能性自然不在話下。人口少的舊鄉鎮市，則缺少票源或是必須進行跨鄉鎮的競選，難度相對提升，也因此在升格直轄市後，實質上造成了偏鄉排擠效應。

升格直轄市以及實質廢除鄉鎮市理應要有不少優點，例如預算增加、權限提高，整體來說應該是朝向進步的方向才對。為了對此進行考察，可以基層的里政作為前後參照的對象，因為里長對於里政變化的感觸應該最深。筆者訪談一位在直轄市升格前後都在中和區當選的里長，請他評論升格前後的里政有無差別？他提出如下觀點：

首先，許多本可在里長會議做出的決策，變為需要層層轉達。在市公所時期，里長會議提出市政革新建言，由於市有自治權力，當下由市長或市公所課長即可做出決策。而升格後，區長變為公務員，沒有最終決定權，里長會議提出之建議必須層層轉報給局處決行。可以說里長會議幾乎成為諮詢性質，在會議中提出建言實質上與呈遞公文無異。

再者，由於市民代表會的廢除，原本預算中有代表的配合款也隨之取消，從而用於里政的經費也告減少。直轄市預算理論上有所提升，但往往被「預算尚未到位」等理由搪塞，使得實際可使用經費反而不如市公所時期。

第三，里政相關事務逐漸縮減或轉移。以前市公所時期，政府鼓勵各里成立社區巡守隊，發揮守望相助之責。又如環保志工隊，也是建立在居民對各里的社區意識所凝聚形成。升格之後，這些單位的員額人數、經費都大幅減少，效果也自然減低。

第四，里幹事的員額較市公所時期減少，本來一位里幹事負責一里，現在多有負責三到四個里，而且由於必須同時支應民政局交辦、以及在區公所民政課的其他工作業務，使得里幹事工作更加繁重。

第五，事權集中。隨著鄉鎮市一級政府的取消，市政府的權責加強，里一級的里政工作也受到影響。例如監視系統，本來里內監視器有六、七十支可為里長控制，對於解決一般刑案或行車糾紛非常便利。但升格直轄市後，設置監視器權責移交到警察局，數量也減少為十支。有民眾反映，對於糾紛處理不若以往便利。

第六，人事透明。直轄市之區公所人事依照公務人員任用法任用，較為透明公開。例如以前清潔隊多為人脈關係所安插，升格後便必須按照相關法規任用，免除了任用私人之弊。

此外對於路燈報修、水溝清運等事項，這位里長則認為與過去市公所時期沒有差別。因為路燈部分外包給廠商，合約明定維修時限，因此廠商多會在時限內完成。水溝清運則由清潔隊水溝班負責，在市公所及直轄市時期沒有感到太大的不同。

從以上這些面向來看，直轄市升格、以區取代鄉鎮市等的發展，常常會有不如預期的結果產生。基層民主、地方自治如何落實，尚待進一步的觀察。

結語

筆者看來，地方自治的關鍵問題是：我國政府究竟是由下自上組成，還是由上自下組成？從過去的歷史來看，很顯然是由上自下的。各層級的地方政府，皆是按照中央法令所規定、由中央政府的授權下所組成。追根究柢來說，地方自治的失敗當然應該要由負責制定中央法令的人負最後責任，而非依照法令執行地方自治的人，因為他們本身並沒有權力去更改自身權力義務的框架。如果這些人在這個框架下為惡，有兩種可能，一種是個人問題，一種是框架的問題。前者不應該怪罪於框架，後者的責任應該要回到制定這個框架的人，而不應該以此作為地方自治層級應該廢除的藉口。

從日治時代的街庄自治到戰後鄉鎮市區選舉的開放與收回，區一層級的地方自治走過不少艱辛而曲折的道路，且在每一個轉折上，都與當時中央統治者的想法有關。身處框架之下的，無論是地方政治的參與者或是一般民眾，也只能被動地接受而已。實際上，無論是威權時代或是民主時代，認為鄉鎮市缺乏自治條件、應該廢除選舉的說法也頗為類似。嚴格來說，這應該代表握有中央權力的人試圖限制擁有地方權力的人。

作為限制藉口的「亂象」，其形成原因是否有經過詳細且實證的研究？其解決方法是否精準又沒有負面的連帶效應？如果照這些人

所說的，人民沒有基層民主的意識，會受到地方派系的把持與操弄，卻可以在縣市或國家層級達成民主；也就是說，我們可以達成十萬人、乃至於百萬人、千萬人的民主，也能做到數百人、上千人的村里民主，但在數千人、上萬人、數萬人這一層級，人民卻是容易受到把持、操弄的，這樣的說法難道沒有自相矛盾嗎？本文的目的不在於給出一個筆者認為的答案，而是希望在了解這些背景因素之後，讀者能夠對此一議題擁有更多了解與關注，以便在面對下一個政策變換時能夠做出更好的抉擇。

第5章

地方的黑霧：從彰化基層政治談起

———————————— ｜江昺崙｜

／作者簡介／

江昺崙，中部人，目前定居於台南。曾就讀政大台灣文學所碩士班，台大台灣文學研究所博士班，碩士論文寫的是台灣農民文學。曾與其他作者合著：《這不是太陽花學運》、《史明口述史》、《終戰那一天》及《永遠的農業人——李登輝與臺灣農業》等書。曾經在立院擔任兼職助理、溪州鄉公所秘書、台灣文學館計畫專員等等工作，也曾經在宜蘭員山鄉種植稻米，台中秈十號，一季兩分地收穫700公斤。目前從事推廣台灣文學及歷史等相關工作。

一個地方上的小故事

2017年5月20日，在彰化縣溪州鄉溪州國小，原本要舉行「可愛動物園區興建說明會」，會上除了縣政府官員到場說明建設緣由，還有動物保護團體前來解釋動物園區不僅只是「流浪狗收容所」，並將增加生命教育與服務犬培訓等等功能，與傳統的流浪狗收容所不一樣。

動保紀錄片《十二夜》導演Raye也來到現場。於2013年上映的《十二夜》，講述流浪動物進收容所之後，12天內無人認養就會被安樂死，這部紀錄片影響深遠，間接促進了2017年廢除流浪動物安樂死的政策。而該片拍攝的地點就在彰化的員林收容所，片中所呈現的收容所設備老舊，更因為零安樂死的政策施行，導致空間嚴重不足。彰化縣動保處亟欲尋找新的館舍來收容動物，於是啟動了原本規畫好的「溪州可愛動物園區」工程。

工程款的預算在議會已經通過，但消息傳出，原本不置可否的議員們突然強烈反對，出身溪州的兩位議員，一是國民黨籍的議長謝典林（當時名叫謝典霖），一是民進黨籍的李俊諭，兩人都跳出來抗議這項工程。許多偏國民黨的村長，這時也開始出現反對聲音。

李俊諭的宣傳車在街道上放送，說流浪狗會帶來狂犬病（實際上

不會），又臭又吵又髒，而且園區地址鄰近美麗的溪州公園，外來遊客會不敢接近，李俊諭甚至喊出要溪州人都站出來「捍衛家園」。經過這樣的恐懼宣傳，原本就不太親近流浪動物的鄉親，對園區變得更加反感。雖然當時的縣長魏明谷和李俊諭是同黨籍，李卻打算利用這個機會攻擊縣府，增加他選鄉長的籌碼。

當時擔任溪州鄉公所秘書的吳音寧，是很愛護動物的人，家裡有五、六隻狗都是從路上領養回來的，狗狗們一度被清潔隊抓走，她還跑去清潔隊把狗狗們救了回來。總之，吳音寧跟溪州的年輕朋友們（包括筆者我），聽到可愛動物園區要興建的計畫都很支持，只是看到鄉親們把流浪動物當成一種汙染源，內心有點遲疑，不知道要怎麼跟大家溝通才好。

吳音寧稍早答應當時的鄉長黃盛祿，要出來競選下一任鄉長，競選背心已經做好了，正要開始跑選舉行程。跟黃盛祿關係很差的李俊諭，便想利用這件事來攻擊黃盛祿以及支持動保的吳音寧。我們大家都勸吳音寧不要表態，否則會影響到她的鄉長選情。

同時，彰化縣政府知道可愛動物園區是鄰避設施，也不太敢大張旗鼓宣傳這件事，導致溝通變得更為困難。負責園區計畫的農業處處長是待退公務員，不想把事情鬧大，都讓底下的防疫所同仁出面說明。這樣的溝通方式無法解決鄉親的憂慮，於是動保處決定在 5 月 20 日舉行一場正式說明會，並邀請外地的動保團體前來

讓民眾了解服務犬訓練等等配套計畫。

5月20日當天一大早，台北來的動保團體成員，包括《十二夜》導演Raye及SPCA（台灣防止虐待動物協會）都到了現場。幾名「EMT」（緊急救護技術員協會）成員也出現了，他們是一群非常關心動物權益及其他社會議題的人，經常開車救援流浪動物。EMT成員的特色是都很壯碩，特別是號稱「動保蝙蝠俠」的團長李火山，內心很溫柔，但外表一點都不像愛心人士，更像是極道大哥。當天他們一齊穿著黑衣服，上面寫「生命憑拳」，不知情的人可能會嚇到，以為是哪個以動物為主題的幫派堂口。

吳音寧當時沒有忍住一口氣，拿著麥克風在禮堂前面說明她不反對的理由，但被議長謝典林跟村長們出言嗆聲，頓時支持園區的動保團體變成了眾矢之的。筆者看到台下有一名站出來高聲反對的村長，原本是支持民進黨的，也和吳音寧關係良好，但某次他經營的房仲公司被勞動檢查，請吳音寧去縣府關說，要求縣府別再派勞檢員來稽查。吳音寧感到非常為難，只跟縣府詢問始末，沒有真的幫忙「結案」。村長一氣之下放話：「我直接找議長比較快啦！」後來，他就投靠國民黨，這次的抗議也非常積極地站上第一線予以反對。

說明會現場除了鄉親之外，也來了一百多名穿著黑衣的年輕人，看起來像是被動員的外地人士。說明會還沒開始之前，黑衣人跟

動保團體就劍拔弩張，有些人對著動保人士高喊「滾出溪州」，氣氛變得非常緊張。不久幾名黑衣人開始朝EMT的人丟泥巴，EMT成員原本都忍住不發聲，深怕動保的理念被誤會、失焦，後來還是忍不住回說「你們溪州人很沒水準耶！」這句話一喊出來，一百多名黑衣人立刻衝上來圍毆EMT的人。李火山等人雖然非常壯碩，看似能夠以一敵五，但他們不願還手，結果一路從校園裡被打到外面的大馬路。眼看著數十人圍著幾名EMT，用路邊機車的安全帽毆打他們，現場警察卻無力維持秩序，只是不斷在旁「勸架」，完全沒有達到任何阻止暴力的效果。

議長謝典林等人雖然在現場，但沒有出聲制止，溪州鄉民代表會主席陳冠廷更是親自跳下去「參與」。現場鄉親彷彿都知道會發生這些事情一樣，甚至還有人拿著麥克風，大聲感謝這些「保護溪州的囝仔兄」。

最後是到場支持動物園區的年輕人趕緊叫來救護車，把倒在地上、滿臉是血的EMT成員送到北斗卓醫院。幾十名黑衣人一路跟隨到急診室，叫囂說要繼續教訓他們，直到北斗分局局長好言勸說，人群才逐漸散去。

過了幾天，議員李俊諭在縣議會出示路邊血跡斑斑的安全帽照片，質詢教育處長：「為什麼要把禮堂借出去當說明會會場，引發了這樣的流血衝突？」他並要求教育處長當場道歉。

筆者跟吳音寧從頭到尾目睹事件經過。在確定EMT成員都平安無恙離開醫院後，大家開始緩緩整理、確認今天發生的事，這時吳音寧稍微放鬆了，才難過地流下淚。她不知道為什麼這七、八年來，努力經營的地方政治最後會是這個樣子。她輾轉思考了幾天，決定退出鄉長選舉。她說：就遂了他們心願吧，如果一切都要這樣政治操作的話。在那之後，吳音寧離開溪州，北上出任北農總經理。

彰化的美麗與哀愁

很多人會問：「地方政治是什麼？地方派系呢？」一言難盡，但就如同上面的黑色小故事，地方政治就是在這樣的利益分配與人際動員上不斷建構與纏繞，所有議題都與人際網絡有關，縱使是動保議題，背後還是牽涉到龐大的政治糾葛。

地方為什麼會形成這樣的政治結構？我們得先談南彰化的歷史。

彰化東邊有綿長的八卦山脈，南面有濁水溪，北面有大肚溪，兩條河流的中下游都是遼闊與肥沃的平原。特別是舊濁水溪水系（又名東螺溪），北邊從八卦山尾端出了二水之後，流經員林至下游鹿港，南邊由虎尾溪從斗六延伸到台西海邊，混濁湍急的河水帶來一種富有黏性的黑色土壤，這種黑土極其營養，幾乎是種什麼長什麼。

濁水溪平原固然肥沃，但榮枯期水位落差很大，枯水期的時候下游取水十分困難，雨季來臨的時候又經常氾濫，再加上河道因為淤積導致河水改道，增加不少農耕上的難度。到了十八世紀初期，地方人士集資興建了八堡圳（台灣第一條水圳），有了水利設施以及強化的河岸堤防，大幅提升了濁水溪平原的使用效率，為往後兩百年的富饒農業奠造了基礎。在1930年嘉南大圳竣工之前，彰化平原可說是台灣最大的糧倉。

進入清代之後，多元族群的移墾及水權的管理分配，經常造成械鬥及搶水等衝突，這使得彰化平原的農村出現不少特別緊密的宗教與族裔社群組織。具體證據就是彰化縣的「同姓村莊」十分密集，例如鹿港施姓、田中卓姓、二林洪姓等等，以致在彰化境內幾乎可以用姓氏來判斷個人的出身地。這樣團結與緊密的社群關係，是生成強勢地方派系的遠因之一。

本文所著墨的彰南地區，亦即濁水溪平原的上半部（下半部在雲林），有三大核心區，分別是北斗、二林及員林。北斗位於舊濁水溪流域的頂點，早年可以從鹿港搭乘小船一路航行至此，從北斗現在還有古渡口遺址及東螺溪媽祖的信仰，可略窺一二。早年鹿港到北斗的貿易線，以及北斗到西螺的南北貨運，帶動了整個彰南地區的發展，從今日中部媽祖至北港刈香，路線必經北斗與西螺（早在台一線修築之前，刈香路徑就已存在），以及北斗奠安宮與西螺福興宮香火鼎盛，即可看出過去的繁榮痕跡。

後來日本人在修築縱貫鐵路後，因為考量到濁水溪河道太寬、技術太困難，而捨棄了北斗至西螺線，改繞道上游的二水過河，直接導致了北斗的沒落，商業中心轉移到了員林。北斗雖然在經濟上輸給了員林，但還保留了相當的政治與文化影響力，日本時代的中後期，北斗林家與陳家在彰南地區的聲望還是十分崇高。

北斗林家於清末來台發展，林慶賢與林慶岐兄弟為第三代，皆有秀才功名，並積極參與地方上的政治、經濟及文教事務，例如興建莿仔埤圳、創辦北斗公學校等等，影響力跨越清、日兩個時期。第四代林伯廷熱心參與議會請願等社會運動，其餘族兄弟林伯殳、林伯可、林伯奏及林伯餘等人也十分活躍。特別是林伯餘，畢業於總督府醫學校，在北斗開設同春醫院，人望至高，曾任四屆台中州協議會員、北斗街實業協會長，戰後還擔任台灣省參議員，可以說是北斗林家最有影響力的人物。

在戰後發生的二二八事件中，林伯餘擔任北斗區二二八事件處理委員會主席，卻在事件過後遭到政治清算，被監察院彈劾，從此退居幕後，成為「北斗少派」（由白領階級、地方仕紳為主的派系）的意見領袖。同輩的林伯奏則與連雅堂長女結婚，戰後出任華南銀行總經理，於商界嶄露頭角，但不過問地方政事。經過二二八事件及白色恐怖之後，北斗林家等望族已不如日本時代活躍，雖然後來仍參與地方派系，在國民黨高壓統治之下，影響力逐漸遭到削弱。

北斗林家只是一例。普遍而言，台灣農村的地主們在戰後的土地
改革過程中失去了大片土地，如果沒有成功轉入工商界，其經濟
實力就會大幅衰退。許多戰前呼風喚雨的地主仕紳階級，就這樣
在威權的高壓以及經濟重分配的情況下，影響力大不如前，地位
被國民黨指定的地方頭人所取代。

溪州謝家與地方政治

彰南的地方政治就是在這樣的狀況下，與日本時代的領導階級產
生斷裂，然後在國民黨的侍從體系下，新的地方豪強逐漸嶄露頭
角。

以溪州鄉為例，鄉內多數區域原本只是濁水溪沖積河床，因為日
本時代的糖業及稻作產業發展，有一座林本源（後改為鹽水港）製
糖會社的工廠，戰後一度成為台糖總部（1955-1970），形成以服務
糖廠員工為主的小型經濟圈，像溪州市區就有過不少酒樓、旅館
與電影院，為當地帶來了繁榮景象。

在這樣的經濟條件下所產生的地方豪強，包括溪州謝家第一代當
家謝言信，就是以跨越黑白兩道的高明手腕發跡，於 1980 年代選
上兩屆縣議員，又連任兩屆省議員，以及一屆立法委員。謝家不
僅涉入政治，也以壟斷手法經營有線電視、瓦斯業以及檯面下產
業（地方傳言是賭場）等等，成為彰南地區政商實力最為雄厚的土

豪家族。

謝言信二子謝新隆為三大有線電視董事長，二媳婦鄭汝芬曾當選立法委員；鄭汝芬的兒子謝典林，30歲即選上彰化縣議員，同時當選為彰化縣最年輕的議長。鄭汝芬於2016年立委輸給民進黨洪宗熠後，由女兒謝衣鳳繼承衣缽，於2020年選上區域立委。在鄭汝芬擔任立委時期，同樣出身於溪州的彰化縣農會總幹事廖振賢以及彰化縣農田水利會會長呂炉山，都屬於謝家人馬。溪州謝家的實力在彰化地區無人能出其右，比起社頭蕭景田更為穩固，大概只有清水顏家可以比擬。

說到北斗鎮。傳統仕紳及派系影響力式微後，也是由地方土豪李氏家族所把持。原本第一代李順銘於2009年選上鎮長，一年後因為賄選被判刑，又被查出經營賭場等違法事件，但媳婦楊麗香出馬參加補選，當選鎮長。楊麗香兩任任期屆滿後，李順銘之子、楊麗香的先生李玄在出馬參選，也選上鎮長，一家三口連霸北斗鎮長職務。不過李玄在目前因涉嫌貪汙罪與販售偽藥罪而遭判刑。

簡單整理彰南戰後的地方政治。1950年代的土地改革之後，原本的地主仕紳階級逐漸沒落，大多數農民成為超小型地主，但因為肥料換穀與田賦徵實等嚴苛的稅賦制度，導致農業的利潤都被挪移到其他部門，最終造成了農村人口大量外移到都市，農村的中間階級也大量流失，形成中空的狀態。在這種情形下，地方土豪

填補了這樣的中空，並結合國民黨強勢的政治組織，成為新興的
政治勢力，壟斷了區域的政治經濟組織。

為什麼彰化是搖擺縣？

彰化表面上是一個選民結構藍大於綠的地方，但仔細分析就會看
到很多曖昧模糊之處。

其實彰化自古以來就是「難治之地」，在歷史較為悠久、白領階級
較多的地方，菁英及異議人士往往也比較多，例如鹿港鎮及彰化
市。1980 年代後，就有黨外的黃石城選上兩屆縣長。民進黨成立
之後，也曾經三度拿下縣長的位置：第一次是 1989 年的周清玉。
周清玉的先生姚嘉文因美麗島事件入獄服刑七年，周清玉「代夫
出征」，成功當選國大代表及彰化縣長，不過一任之後就被國民黨
的阮剛猛擊敗。

第二次是 2001 年的翁金珠，收復了阮剛猛之後的縣長職位，在任
內培養了許多後進，例如魏明谷、陳素月及洪宗熠等人。不過翁
金珠也只有當選一屆，2005 年輸給了國民黨的卓伯源。第三次是
魏明谷，魏在 2012 年的立委選舉，戰勝國民黨的蕭景田而名聲大
噪，後來的縣長選舉更是擊敗林滄敏，奪回縣長職位。但魏明谷
仍然不敵彰化縣民進黨的「一任魔咒」，在衛冕之戰輸給了來自鹿
港的王惠美。

彰化縣的政情搖擺，例如 2016 年及 2020 年大選，蔡英文的得票率
都在 56% 以上，是「濁水溪以北」的縣市當中，綠營支持度最高的
地方。然而越往基層走，從縣長、議員、村里長到鄉鎮市民代表
的層級，民進黨的支持度越低，到了村里長的層級，藍營幾乎占
了絕對的優勢。更微觀一點，以溪州鄉為例，在 2020 年的總統大
選，蔡英文囊括了 62% 的選票，但立委選舉則由國民黨的謝衣鳳
拿到 54% 的選票，出現了分裂投票的現象。另外，在 2021 年的四
大公投，彰化都是不同意大於同意。

我們大概可以試著回答，彰化縣為什麼是一個「搖擺縣」？彰化在
過往的歷史當中，算是經濟條件還不錯的地方，因此累積了不少
文化資本，有一定程度的公共領域。然而戰後地方仕紳的勢力衰
退，國民黨掌控了基層的社群組織，壟斷了日常生活的相關服務。
所以，即使在國家層級的選戰，民進黨可以占有優勢，可是到了
攸關民生、選民服務的地方層級，彰化縣民便改採「務實」的投票
模式，導致國民黨輾壓民進黨了。

但，地方派系又是怎樣走入鄉親的日常生活呢？

一條龍的政治服務業

彰化縣的產業雖然是以一、二級為主，但自古以來人口就很稠密，
截至 2022 年的人口數高達 128 萬，足以成為「第七都」。但彰化人

口也不斷流失，被鄰居台中市所吸走，移居台中的群體，又以經濟條件中等的青壯年人口居多，導致地方上的階級及世代落差不斷加大，也更加深對地方政治服務的依賴。以彰南來說，留在農村的人口，大多從事農業、工業，白領階級及服務業很少，這群人的社會資源相對不足，需要更多外在的協助。這時候國民黨的基層組織就發揮用途，例如民眾服務社、農會、（2020 年改制之前的）水利會，連同公部門以及各級民代等等，就能組成一個服務網絡，解決居民的各種疑難雜症。

舉個例子。在台灣年滿十八歲的國民就可以考機車駕照，在大眾運輸不方便的農村地區，這是一個非常重要的「成年禮」。但是彰化的監理站在北邊的花壇鄉，距離溪州 24 公里，騎機車要將近 50 分鐘，對於彰南地區的年輕人來說非常不方便。所以國民黨的基層組織「民眾服務社」，長期以來都會開辦下鄉考照服務，由監理站派員來溪州進行筆試與路考，免去年輕人的舟車勞頓。照常理來說，下鄉考照應該屬於政府的業務，不過長期以來都是國民黨基層組織在辦理，鄉親似乎也覺得理所當然。

另外一個例子，是議長謝典林很熱衷於籃球，但他的熱衷不同於一般青年上街鬥牛而已，他雖然沒有當過籃球員、也沒有任何在籃球界服務的資歷，卻長期主導籃球運動的發展，擔任中華民國籃球協會理事長等重要職務。所以在彰化地區，大從林書豪的球迷見面會、小到各地舉辦的籃球比賽，無論是要申請經費還是裁

判，基本上都要透過謝典林來「服務」。說到底，連地方上的小型籃球比賽，都是國民黨的服務範圍。

地方政治如何解決問題

說一下筆者的親身經歷。2015年的時候，筆者剛到溪州鄉公所擔任秘書，任職不到一個星期，人事主任就進到辦公室探頭探腦，說：「秘書，主席他們找你。」——主席指的是鄉民代表會主席陳冠廷，綽號西瓜，早年是謝家的手下，因為違法綁標水利會工程而被判刑，二審期間仍擔任鄉代會主席，2020年坐牢後，由妻子張語珊「代夫出征」，繼任鄉代會主席位置。當時鄉代會民進黨籍的代表只有一人，其他多是無黨籍代表，平常會穿深灰色背心，但他們都跟謝家走很近。

原來是正新輪胎工廠附近，有一間A幼稚園，園主是附近有錢的人家，最近有一筆資金打算買一塊農地興建水濂式的現代雞舍，消息一傳出去，立刻引起左右鄰居公憤，鄰居們打算到A幼稚園抗議。不過園主很有手腕，到處打通關節，大概跟附近所有的相關單位都「打點」妥當，包括村長、鄉代、議長等等，只差鄉公所而已。

原本事情可以一帆風順，問題就出在當時的鄉長是民進黨籍的黃盛祿，秘書是吳音寧。

所有的公文都辦妥了，但吳音寧同時也接到鄰居們的陳情，他們受不了雞舍的臭味（住在農村的人大概都知道雞舍、豬舍的味道是怎樣），大家一講到這種公害都義憤填膺，但相關單位都不在乎他們，他們只能期待吳音寧幫忙主持公道。吳音寧決定私下協助，就請筆者去跟鄰居們聊聊。

鄰居們原本打算去Ａ幼稚園前拉布條抗議，但北斗分局的警察前來威脅他們說：「如果去抗議，就用集遊法法辦」，搞得大家人心惶惶，想說要不要乾脆放棄了。

筆者對於集遊法比較熟悉，便跟鄰居說現在的集遊法是「部分違憲」，警察只是嚇嚇你們而已。鄰居聽了非常訝異，立刻邀請筆者到農地現場商量對策，最後決定還是堅持抗議到底。沒想到空曠無人的田間，只有筆者跟兩名鄉親在討論。當晚消息竟然就傳遍整個溪州市區。

果然，第二天鄉代會就來找人了。筆者一走進休息室，一群人面露凶光，看起來都是狠腳色，立刻破口大罵：「秘書你這樣就不對了！鄉親被警察掠走，你敢負責嗎？」「你才剛來，你不懂，你不通給我插手喔。」當場鄉代會秘書還幫忙撥電話，要筆者跟當地村長保證說「居民不會出來抗議了」。

原來Ａ園主的影響力這麼大啊，筆者只能跟他們說「好好好，我

新來的，我什麼都不知道。」後來吳音寧跟筆者說：就讓鄉親去抗議吧，我們假裝沒涉入，私下支持就好，反正公文我們就想盡辦法不要通過，建設課這邊我來想辦法處理。

A園主的雞舍案件被鄉公所擱置許久，再加上鄰居跟他打起官司，最後就不了了之，至少在黃盛祿鄉長任內沒辦法通關。地方就是這樣解決事情的，如果沒有出現像是黃盛祿與吳音寧這種攔路殺出的角色，很多事情就會順理成章地「被進行」。

可想而知，經年累月下來，鄉公所跟鄉代會的冤仇越來越大，後來公所的預算幾乎都被鄉代會凍結了。日後如果需要預算，就要不斷跟鄉代會主席拉扯鬥爭，甚至鄉代會還要求所有公所幹部要去跟他們喝酒，喝到他們覺得鄉長或秘書很有誠意了，才讓預算通過。

有次吳音寧為了溪州的文化季活動，需要鄉代會同意一筆預算，但鄉代會不肯。吳音寧只好去跟他們喝酒。後來她喝得很醉，由主任秘書開車載她回去。我遇到她的時候，她迷迷茫茫地跟我說：「預算沒問題了……。」

這就是地方政治的互動關係，一種複雜而細緻的服務分工，表面上是選民服務，其實進行的是特權的再分配，甚至是一種「尋租」的行為。如果我們用理性的、公民社會的角度來看，這樣的特權

分配、壟斷尋租的行為當然對社會有著非常不好的影響，不過，要在地方上做任何事情，就不可能不去妥協，如果選擇碰撞，最終地方勢力還是會反撲。2017 年的可愛動物園區事件，其實就是地方勢力聯手對吳音寧進行的鬥爭。

地方政治如何解決不了問題

前文提到農村的中堅人口流失，導致地方土豪填補其中空缺。溪州吳音寧的家族，恰好就是屬於這個中間階層。我們可以來做一個有趣的對照：吳音寧的祖父、吳晟的父親曾擔任農會職員，而吳晟與妻子莊芳華兩人是溪州在地的國中老師，家族都來自農村的中間階級。吳音寧畢業於東吳法律系，原本返鄉專心寫作，後來從刑警退休的表哥（吳晟的姊姊的兒子）黃盛祿決定出來參選鄉長，吳音寧就投入輔選工作。黃盛祿選上後，聘任吳音寧為主任秘書，一起為家鄉做事。

溪州吳家所擁有的文化資本非常高，但他們最大的特色，是家人們大多回到溪州定居，長期在地方服務，因此在地方擁有一定的話語權。吳家長年在地方上扮演意見領袖的角色，例如 2010 年左右反對在大城濕地興建國光石化、2014 年反對中科四期的溪州引水計畫、2015 年反對彰南產業園區等等，對於地方上的公害也是都第一時間跳出來發聲。而站在吳家對立面的，就是前述溪州謝家等地方勢力。

黃盛祿鄉長的角色也很有趣,他畢業於警察大學,長期在警界擔任管理職,但他對於政治很有想法,想要改變家鄉的環境,五十幾歲就辦理退休,投入鄉長補選(當時國民黨鄉長因貪汙而下台),竟然意外選上,是溪州鄉第一次政黨輪替。黃盛祿的意見與吳音寧常常不謀而合,兩人共同推動了很多進步政策,例如幼兒園的營養午餐在地食材計畫、溪州文化季、文化資產保存,還有行政上的透明化政策等等。

筆者2015年進到鄉公所,感覺這是一間普通的公務機關。但吳音寧告訴筆者,他們剛上任的時候,之前貪汙腐敗坐牢的事情不算,公所內的主管還經常在上班時間喝酒、賭博,秘書室經常煙霧瀰漫,大家都在抽菸橋事情。發包中心主任還曾在正中午喝得爛醉,在公所廣場中間當場撒尿。這些一團糟的亂象,都在黃盛祿當選後改掉,公所變回「正常的」行政機關。

這也直接造成了黃盛祿跟地方公務員、鄉民代表以及所有利益結構的直接衝突,在他第二任的任期當中,跟國民黨的衝突更加白熱化,導致國民黨占多數的代表會直接砍掉鄉公所大部分預算,徹底杯葛到底。黃盛祿陷入進退兩難的困境,要和代表會主席談和嗎?以他警察強硬的個性,他不願意跟這些土豪低聲下氣,所以每次代表會會議上,幾乎都劍拔弩張。溪州代表會會議廳在公所的三樓,開會時代表們毫不客氣地對鄉長及幹部們臭幹譙,滿堂髒話像鞭炮一樣劈啪作響。有時候主席罵到不知道要講什麼

了，就直接宣布散會，每次會議都只開10分鐘左右。但他們每次都還要求延長會期，加領車馬費。

為什麼民進黨無法選上鄉民代表與村長來和國民黨對抗？

其實村長及代表在溪州大概只需要一千多票就可以選上，不談非法的賄選，動員組織在其中占了非常重要的一環。由於大部分居民世居在這裡，大家都很熟悉，投票意向都可以推測，哪一家有幾票，通常村長或樁腳都可以「精算」出來。所以層級越低的選舉，地方動員力越強的勢力就會占有絕對性的優勢。

比起地方選舉，立委及總統大選多了一項變數，就是返鄉投票的鄉親，這樣的「空氣票」無法估算，選情越熱，返鄉投票的鄉親就越多，地方勢力就越不容易計票，民進黨就越有勝選的可能。2016年民進黨洪宗熠可以擊敗鄭汝芬，就是因為那一年的大局對於國民黨非常不利。不過到了2020年，當時鄉民之間流傳「總統立委都投查某的」（蔡英文跟謝衣鳳），成功讓洪宗熠跟蔡英文脫鉤，謝家奪回立委職務。

這就是吳家代表的中間階級所面臨的極限，雖然他們透過話語權發起了許多環境運動，在地方上也開創了如「溪州尚水」（農產公司）以及「成功旅社」等地方創生的契機，但這種理念型的運動，終究無法換算成實際的選舉人頭。黃盛祿鄉長即將卸任前，想要

找人接班競選鄉長，吳音寧因為可愛動物園區而放棄選舉，再問過兩名民進黨籍的村長及代表，竟然都不敢接戰，只有理念極度不合的李俊諒躍躍欲試。最終縣長、立委、鄉長又全都輸給了國民黨。

溪州鄉再度政黨輪替之後，原本吳音寧想出來的政策幾乎中斷，比方說幼兒園營養午餐的在地食材，因為必須挑選平價又健康的在地農產品，過程非常繁瑣，責任又重大，承辦的公務員做到幾乎翻臉，在國民黨上台之後就不了了之。

地方還有辦法翻轉嗎？

彰化溪州作為不算成功的案例，在這裡談論翻轉地方政治好像有點不切實際。不過從結構看來，我們還是可以看到很多重點：其一，保守而穩固的地方政治結構，奠基於戰後的政治經濟結構，威權體制抑制了原本的菁英階層，農工部門分配的不平等，加速了農村中堅人口的流失，青壯年外移，甚至在90年代以前，農村普遍認為只有在外面「混不下去的」才會回到農村來。

在這種狀況下，地方菁英原本掌握的社會及文化資本大量流失，話語權被國民黨及其侍從體系所壟斷。若非中間階層介入，提供一套新的「服務典範」，不然永遠不可能取代既有的地方勢力，任何理念都是空談。但目前地方上具有能動性的中間階層實在太

少，根本無法跟傳統派系抗衡。

目前幾個地方營造比較成功的案例，都是由中間的知識分子階層
（或服務階層）與地方鄉親合作，如此才會出現共同前進的契機，
類似農村要創新，一定需要一、二、三級產業共同合作才行。而
且中間階層與勞農大眾的合作缺一不可，若只是單純「移植」都市
的觀念進入農村，那麼注定曲高和寡，無法成事。例如返鄉青年
認為地方沒有書店，沒有文化空間，但只開書店是不可行的，必
須還要兼做各種雜事、融入社群的日常生活中，成為地方「服務
產業」的一部分，書店這個空間才有可能被支撐起來。

其二，在目前的地方政治制度中，直轄市與一般省級縣市有很大
的落差，可以說是「過猶不及」。例如直轄市沒有鄉鎮市首長與代
表的選舉，一切交由市長決定，權力過於集中；但省級縣市的行
政組織又過於層疊細密，細到一、兩千人就可以決定一名首長或
民代的選情。

但事實上基層選民根本沒有能力監督到這樣層級的事務。誰會去
關心每次代表會的開議狀況？誰會特別去查鄉鎮公所的預算決
算？地方上民主監督的空隙實在太大，到最後選舉就變成地方勢
力清算椿腳人頭的競賽。

未來如果能繼續討論的話，地方選制一定要修正。至少直轄市與

省級縣市的制度落差要拉近一點；還有偏鄉地區的立委選舉區域過大，例如彰化第三選區（北斗溪州二林溪湖這一區，立委謝衣鳳）有十個鄉鎮，這一點對於在地資源不豐的候選人非常不利，光是十個鄉鎮都設服務處就非常困難（對溪州謝家來說相對簡單），而鄉親又特別在意這一點。通常在輪流關注廣大的選區之後，就會讓地方組織不強的立委（候選人）疲於奔命，最終耗光所有能量。這一點可能需要增加立委席次，或者縮小選區，才做得到。

另一方面，基層選舉（鄉長及代表）的選舉區域又太小，各地鄉公所所轄的資源少到其實也推動不了什麼政策，但鄉長又有很大的自主權，縣長也管不太到，這就讓彰化變成鄉鎮市各自運作，很難有跨區整合的建設。像是溪州鄉想要進行一個舊濁水溪廊道的整理計畫，但沿岸的鄉鎮市首長都各有規畫，黨籍也都不一樣，彰化縣長又不想整合不同政黨的鄉鎮市，結果就會出現各種片段而淺層的公共建設，例如縣府最後就選擇在各鄉鎮放一個代表性工程了事。

我們所看到的上述問題，以及可能的解方，不僅是偏鄉自身的困境，也是長期城鄉發展不均之下的結果，這是所有台灣人都必須共同面對的課題。不是搶著劃為直轄市，所有難題就會解決。筆者在這裡也期待更多住在都市的中間階級們，可以持續關注地方新聞，設法介入並改善地方的服務，讓地方與城市有更多的交流空間，這才是長遠可行的道路。

第 6 章

現身、服務、表演：台中市地方政治觀察報告

| 黃守達 |

／作者簡介／

黃守達，台中人，民進黨員。台灣大學法律研究所碩士，興趣為台灣法律史、地方自治、儒學（？）。曾經參與台灣大學工會的成立，也曾經投入2008年野草莓到2014年太陽花的社運浪潮。現在擔任台中市議員，致力於舊城創新與文化觀光。

前言

這是一份地方政治觀察報告，嘗試透過一位市議員的視角，勾勒出所謂「地方政治」的諸多面相。

地方政治要加上「引號」，因為有其特殊性與重要性。地方政治的對立面為中央政治。中央政治由我們熟悉的總統、行政院長、部會首長、立法委員彼此間的關係所構成；我們會比較熟悉中央政治，並非因為中央政治貼近生活日常，而是因為中央政治往往成為主流媒體關注與探討的焦點。本來，由縣市長、縣市議員、局處首長、里長彼此間關係所構成的地方政治，要更貼近日常生活會遭遇到的路平燈亮水溝通等種種問題，然而絕大多數人對地方政治卻是非常陌生。

每個人都應該為自己從屬的共同體盡一份心力。既然是自己的公寓大廈、自己的社區、自己的巷弄街道、自己的城市、自己的國家，就要自己治理自己救。這種樸素的共和主義，本該成為地方政治的動力來源，但每個人的心力有限，能夠關注、願意關注的事務也有限。冷漠之所在，就成為壟斷之所在。當地方政治遭到不合比例的冷落與漠視，就很容易導致地方政治為特定人士所把持。

即使如此，地方政治並非鐵板一塊，反而充滿了各種嘗試突破的

努力。作為台中市中西區的市議員,我在努力爭取連任以維繫權力基礎的同時,也希望可以落實各種理想的進步價值。兩者之間總是呈現拉鋸的緊張關係,但同時也讓我有機會,以更立體、更細緻、更有層次的視角,理解到地方政治的樣貌。

人情網絡重疊的台中市中西區

我在這裡必須提前申明,本文所勾勒的地方政治樣貌,無可避免是以台中中西區作為對象,同時我認為我有責任為中西區做出分析供讀者參考。

台中市是台灣第二大城市,但有明顯城鄉差距。若按照2010年合併升格為直轄市前的原縣區與原市區之別,可分成山線、海線、屯區、新市鎮、舊城。南屯、西屯、北屯屬於新市鎮,中、西、東、南、北五區屬於舊城。原縣區與原市區的政治文化相當不同。原縣區的地方派系盤根錯節、根深柢固,紅派與黑派的區別現在仍然有效,合併升格後的正副議長也都由紅黑兩派分別擔任。回顧中二選區在2021年立委罷免與2022年立委補選過程中爆發的種種爭議,不難看出地方派系在原縣區扮演了舉足輕重的角色。

相較於原縣區,原市區的地方派系色彩便沒有這麼強烈,向來習慣的張派、賴派、廖派等分類,在合併升格後已少有人使用。即使合併升格前,原市區的議員關係也沒有這麼劍拔弩張。原市區

的議會座落於民權路，正好位於中區與西區交界，走訪在地餐廳或小吃店，不時可以聽聞老議員們早上開完會、中午就找官員來店裡開喝的趣聞軼事，老議員們跨黨派的情誼甚至跨世代的交情也所在多有。要把這種現象簡單歸因為舊城區的「人情味」恐怕有失精準，但要說舊城區的人情網絡重疊且綿密，我想是可以成立的。

談到我所屬的選區，台中市的中區與西區，可以台中火車站與國美館為地標。台中火車站往北的範圍為中區，以國美館為圓心的範圍則為西區。中西區原本是台中市發展最早熟也最繁華的地區，但是2000年後快速沒落，人口也逐漸流失，所留下的大量老舊閒置建築，不乏頗具代表性的歷史建物與古蹟，帶來發展文化觀光的條件，造成中西區「在籍人口以長輩為主、街頭人流以青年居多」的獨特畫面。

合併升格前，中西區最後一次選舉為2006年，應選議員為六席；合併升格後，應選議員僅剩三席，由國民黨與民進黨兩黨瓜分，2010年兩藍一綠，2014年至2022年皆為兩綠一藍。重疊且綿密的人情網絡，五五波的政黨結構，三席的應選名額，綜合起來就是中西區的議員選舉模式會讓候選人傾向朝中間靠攏，以避免極端。

2022年的地方選舉，我所屬的民進黨遭逢海嘯，執政縣市由七個減為五個，但是在縣市議員層級的表現並不差，由2018年的當選

席次238席增加為277席，成長了39席。為什麼縣市長會大敗，縣市議員席次卻能夠增加？我提出的假說很簡單，就是通路的差異。縣市議員的選區較小，候選人親身出現在選民面前，提供了雙方直接打交道的管道；相對於此，縣市長的選區較大，候選人再怎麼現身也不夠，只能依賴主流媒體或社群媒體再現。現身是一種通路，比起縣市長候選人來說，縣市議員候選人應用起來比較容易有效果。

舉例來說，政治人物出現在店家攤商，直接坐下來跟老闆與客人面對面用餐，這種臨場感與互動感是非常有力的宣傳。這套在縣市議員層級很好操作，選區就這麼大，候選人很容易就能夠區分老闆與客人「有沒有票」，只要目標群眾選擇得當，到場與用餐的過程本身就是宣傳。但同樣一套要複製到縣市長層級就沒那麼容易，畢竟候選人再怎麼會吃，也不可能把整個縣市的店家攤商吃過一遍，最後只好以社群媒體的再現效果為優先。

現身就是出現給別人看

根據我的假說，縣市議員層級的候選人，就是透過「現身」的通路，來平衡主流媒體（電視、平面、網路即時）或社群媒體（Facebook、LINE、IG、Youtube、抖音）的通路，進而擴大並鞏固自己的支持者。然而，什麼是「現身」？現身就是跑攤嗎？現身只要拋頭露面就夠了嗎？為什麼現身這麼重要？現身會有極限

嗎？

「現身」顧名思義，就是用候選人的肉身，出現在選民的面前。除了先前提過的美食吃喝之外，還包括出席各種正式場合，像是典禮、會議、聯誼、婚禮、喪禮、餐敘、繞境、出遊、進香等等；非正式場合，像是早上公園園道的氣功班拉筋班跳舞班、晚間夜市熱炒店KTV的酒攤、通勤時段的路口、家長接送上下課的學校門口、營業中的傳統市場、長輩聚集的關懷據點、垃圾車清運的路線、爬山健行的登山口或涼亭，族繁不及備載。現身的意義，就是出現給別人看，有人聚集活動的地方，就是候選人可能現身的所在。

以我所屬的中西區為例，這裡綠地狹小但密集，退休人口眾多，早上公園園道相當熱鬧，數十人規模的太極拳、讚美操、德州排舞、元極舞、拍打功等運動團體遍布各處，百人以上的拉筋班更所在多有，公園園道因此成為候選人兵家必爭之地。有趣的是，隨著時空變化，運動團體的組成、分布、時段也會改變。像是疫情期間校園暫停開放，原本在學校操場的運動團體被迫轉移到別處；又如成員間發生不合常常吵架，乾脆從土風舞跳槽到拍打功，從此不相往來；還有隨著年紀增長，成員逐漸凋零，運動團體也會宣告解散。乍看一成不變的地方，其實每天都在改變。

選民服務：業務諮詢

候選人出現給別人看，就是要讓選民看得到人、找得到人、問得到人，進而提供選民「服務」。很多選民與候選人，喜歡把「服務」掛在嘴邊，更稱呼議員的辦公室為服務處。服務的質與量，不僅是候選人自我宣傳的話題，更是選民檢驗的標準。如果我們將服務定義為「解決選民的問題」，那它可以分成幾種型態：業務諮詢的服務、裁量輔助的服務、手腳延伸的服務。

隨著現代社會分化程度越來越高，政府的組織劃分業務職掌也越趨複雜，隔行如隔山、跨部門如跨海的現象也越來越嚴重。期待選民知道出了問題該找哪個部門、該走什麼程序、該問哪個承辦是一件不可能的事情。就算 1999 專線再怎麼發達完善，選民稍不留神，就會陷入電話轉來轉去的輪迴當中。這個時候，如果有一個人可以提供免費諮詢，那該多好？於是，業務諮詢的服務應運而生，候選人就成為選民尋求協助的最佳對象，雖然未必最有效，但絕對最方便也最便宜。

理論上，選民前來諮詢的問題都是可以自己處理的問題。例如中低收入戶如何申辦、閒置機車如何報廢、樹木枝葉修剪、水溝堵塞、路面凹凸等等，其實都可以直接連繫市政府的窗口。但實務上，絕大多數選民根本沒有心力與時間來找這個窗口。誰能夠降低這個尋找窗口的成本，誰就能夠得到選民的青睞與賞識。而業

務諮詢的對象，不只是政府機關，也包括民間團體。像是宮廟的普渡布施、愛心會的寒冬送暖、慈善會的急難救助等等，提供資源的人一直都在，需求資源的人也一直都有，問題是怎樣把兩邊的人接起來。

業務諮詢的服務，往往奠基在資訊不對稱的前提上。只要能掌握選民欠缺的資訊（儘管這些資訊未必難以取得），選民就有誘因與壓力來尋求協助。本來各種專業工作者，例如律師、會計師、代書、心理治療師、行銷顧問等等，他們的諮詢服務是可以收費的；但候選人為了爭取選民的支持，反而會盡力提供免費諮詢。法律諮詢就是最常見的例子。諸如勞資衝突、車禍事故、社區糾紛、施工鄰損等等，都是服務處經常會處理到的案件。當案件涉及法律的判讀與解釋時，有些候選人會找律師來提供免費的法律諮詢。這對律師來說也不是白工。一來，前往諮詢的選民就是律師的潛在客戶；二來，法律針對律師用廣告推行業務有比較嚴格的限制，這使得免費提供法律諮詢的公益形象所帶來的宣傳效益就變得相當重要。

選民服務：裁量輔助

在「業務諮詢」的服務案件，候選人扮演協助選民處理行政業務的角色；但是在「裁量輔助」的服務案件，候選人就不只是提供諮詢而已，還要發揮輔助行政機關做出妥適裁量的功能。

用行政法的話來說，政府的所作所為就是一個又一個的行政處分。不管是關於交通、環保、勞動、衛生、建築的法規，只要違規遭受裁罰，或依規受領補助，那就是受到行政處分的影響。在許多場合，行政機關要做出一個行政處分，其實是有裁量空間的。行政機關可以在合理的範圍內，視狀況與需要做出決定。換言之，行政機關具備某種「彈性」。話雖如此，就像選民尋找業務窗口需要成本，行政機關做出妥適裁量也需要成本。妥適的裁量，必定要以妥適的調查、妥適的審議、妥適的判斷為基礎。但是調查、審議、判斷，都需要勞力、時間、費用。

舉例來說，儘管政府制定有相當完整的建築法規，只要牴觸就形同違建，但是空有法規卻沒有稽查人力與經費，連抽查都做不太到了，更別提地毯式檢驗，結果就是違建充斥。政府缺乏能量主動抽查檢驗，只能被動回應告發，但在違建氾濫的前提下，任何人都可以互相檢舉，以致違建檢舉容易淪為私人糾紛的武器。同樣是違建，又有輕重緩急之區別、捉大放小之考量，因而形塑出帶有台灣特色的景觀風貌。

這樣的例子不勝枚舉。住戶攤商長期占用騎樓與人行道，已然成為慣例，當政府開始取締，縱使於法有據，卻總是被批評為擾民。中小企業各種無視勞基法的職場潛規則，本來是勞資雙方約定俗成的默契，往往要等到離職員工挾怨爆料才得以引起注意。使用公園綠地本來是要照規矩申請，但申請耗時費工又未必申請

得到，還不如自己搶場地，各種跳舞的、打球的、拉筋的、練功的團體於焉而生，各自占據公園綠地的一角，平常是互相尊重，起衝突的時候卻無法可管。此外，根據台中市自治條例，晚上十點到早上八點間的公共場所是不能使用擴音器的，但運動健身散步播放音樂的比比皆是，環保局只能在有人檢舉的時候介入，卻總是被嗆聲說「為什麼別人都可以我卻不行。」

林林總總的狀況，構成了候選人與選民互動的日常。選民找上門，當然希望候選人幫忙解決問題。但這些問題真的能夠被解決嗎？或者說，真的能夠被合情、合理、合法地解決嗎？這就相當考驗智慧了。如果我們把「法」解讀為政府頒布的法律命令規則、把「理」解讀為民間形成的習俗慣例、把「情」解讀為人與人之間的體諒與恩怨，那我們就會發現：很多狀況是情理法三者互相衝突的，有一好沒兩好，能雙贏不能三贏。很多時候，候選人也不能保證可以解決問題。

即使如此，「幫忙選民解決問題」這件事情仍然有意義。畢竟裁量成本是很高的。受限於勞力時間費用，行政機關做出的大多數行政處分，可能只有六十分的水準。選民要提高行政處分的水準，可以提供更多資料，減少行政機關的調查成本；可以配合協調溝通，減少行政機關的審議成本；可以幫忙解讀輿論風向，減少行政機關的判斷成本。話雖如此，行政機關未必聽得進選民的話，這時如果有「有分量的人」居中斡旋，成功率就會大大提升。許

多候選人特別標榜學經歷，尤其是突顯自己擔任過公職或公職助理，就是要向選民強調自己的分量，強調自己可以提供裁量輔助的服務。

我們的社會，對於政府有很高的期待。但是我們的政府，能夠支配的資源與權限卻非常有限。假使政府做出一百個行政處分，每個行政處分只能做到六十分勉強及格，但其中有十個行政處分，選民找到了有分量的人來幫忙，輔助行政機關得以做出一百分的裁量，這就是裁量輔助的服務所能發揮的功效。

選民服務：手腳延伸

至於代訂門票車票、代尋貓貓狗狗、代辦送件申請、代收網路訂購，這些則是屬於手腳延伸的服務案件。簡單來說，候選人就像是選民延伸的手腳，代為處理各種生活大小事。但要注意的是，業務諮詢、裁量輔助、手腳延伸三種態樣，並不是截然分立的。舉例來說，代尋流浪動物的請託，可能會發展成如何安置流浪動物的諮詢，更可能發展成如何落實社區友善動物政策的裁量，甚至發展成某種政策建議。我的團隊也是接獲選民陳情後，才發現路殺的犬貓遺體往往被當成一般廢棄物丟棄，後來經過一番努力，終於促成台中市街道犬貓遺體處理作業流程的制定，確保路殺流浪犬貓的遺體可以得到妥善且尊嚴的處理。

服務本身是一種利益交換。你幫我服務，我就支持你。這裡交換的利益是廣義的利益。服務案件處理成功所節省下來的勞力、時間、費用屬於利益；即使服務案件處理失敗，在處理過程中得到的陪伴、尊重、安慰，也屬於利益。對候選人來說，這個利益就是支持。這個支持是一種對於未來的期待，期待在選舉的時候可以兌現成有效的選票。

這樣一路發展下來，我們可以看到：候選人越頻繁現身在某些地方，那些地方的選民就越容易尋求候選人解決問題；候選人解決選民的問題，可以得到選民的肯定與認同，而為了得到更多支持，候選人就更傾向於現身在那些碰得到服務的地方。於是，「現身」與「服務」的內容與形式會有結構化的趨勢，「某某服務你不做就是不行！」「某某場合你不到是不想選了嗎？」諸如此類的質疑，迫使候選人的活動越發定型。

好的候選人：勤快、有範、親和力

話說，現身作為通路，不只是涉及「服務」而已，也涉及「表演」。候選人出現給別人看，不單是爭取服務機會，「給別人看」本身就有意義。能夠給選民看到候選人的努力認真，就能夠感動選民；而要感動選民，就無可避免帶有表演的成分。表演不等於虛假，如同好的演員擁有感動觀眾的能量，好的候選人也擁有吸引選民的魅力。候選人的表演有各種樣態，但有三種普遍獲得選民好評，

如果用關鍵字來命名，可以稱之為：「勤」、「範」、「親」。

第一個關鍵字「勤」。選民常常會用「勤」來檢驗候選人，這個勤既可以指跑行程跑得很勤勞，也可以指處理事情手腳很勤快。候選人有沒有認真跑行程，選民都有在認真看，甚至還有選民會認真「算」。我就有碰過阿姨當面細數每個候選人來過菜市場幾次，誰誰誰這次選舉已經來第三遍了，某某某從上次投完票後就沒來過，阿姨腦袋內建候選人帳本，每一筆都記得清清楚楚。

但勤不只表現在跑行程。如前所述，候選人會接獲民眾陳情，只要候選人能夠積極回應民眾的詢問，或者能夠快速滿足民眾的需求，或者就算無法立即滿足但能夠幫助選民追蹤後續定期回報，那就會得到「勤」的肯定。選民會這麼在乎「勤」，相當程度是來自於他們平常遭受到各種怠慢、拖延、擺爛、遲緩的負面經驗，而這些負面經驗往往來自於公部門的官僚主義。反過來說，正是因為公部門的效率不彰與品質不佳，候選人得以突顯並確認其存在的意義。

第二個關鍵字是「範」。「範」是台語字，讀成 pān，指人的架勢或樣子。台語有個詞是「人範」(lâng-pān)，就是指人的外在面貌或儀表。「範」可以對應到民眾對於政治工作者的期待與想像，尤其是政治工作者的權威。單純就身材來說，清瘦、矮小身材的人，很容易會被批評為「無範」；魁梧、高大身材的人，則往往會被稱

許為「有範」。

但「範」之有無不完全取決於身材，氣質、談吐、姿態、表演，以至於刻板印象，都會有所影響；而「範」之有無也會變成民眾拉攏排擠候選人的依據。某次中元普渡團拜的場合，便有宮廟董事長以「無範」為由，認為某某候選人「沒有那個氣」「會被煞到」而拒絕讓該候選人站在前排。

有範無範也會影響人講話的分量。即使一模一樣的話，有範的人講起來就是格外有說服力，無範的人說出口卻不被當回事。這在各種協調會與會勘場合尤其如此，意見本身固然重要，但更重要的可能是怎麼說，甚至是由誰來說。

第三個關鍵字是「親」。「親」就是親和力，但怎樣算是親和力，卻有各式各樣的解釋。有些人覺得要嘴甜、臉笑、腰軟；有些人覺得要客客氣氣、斯斯文文；有些人覺得要能夠坐下來抽菸喝酒打成一片；有些人覺得要稱兄道弟講江湖義氣。

儘管親和力的解釋百百款，有一點卻是萬變不離其宗，那就是你如果要被人家當成「自己人」，那你要給人家「自己人」該有的尊重。這也是為什麼候選人會講究握手、鞠躬、打招呼，以至於會講究婚喪喜慶的紅白帖。民眾不時掛在嘴邊的親和力，並不是一種客觀的指標，而是一種「我覺得你應該怎麼對待我」的要求。

務必要注意的是,表演的技巧固然重要,但更重要的是真誠,而真誠往往表現在連自己都不注意的細節。四年前,我曾經在某個大路口攙扶過一位受傷跛腳的大叔過斑馬線,當時也不以為意;四年後,在某個場合這位大叔與我相認,很激動地跟我說,他是政戰軍官出身中校退伍,一輩子都沒有投過國民黨以外的候選人,但那次經歷讓他印象深刻,不只願意放下政黨的意識形態投給我,甚至還到處幫我拉票。

當然,能夠在細節得票,就能夠在細節敗票。我是認人苦手,儘管與選民有一面之緣,但再次相逢時常常叫不出名字。倒不是徹底忘記,而是知道有這個人但一時間卻回憶不起背景資訊,偏偏就是這幾秒鐘的空檔會讓我露餡。儘管大多數選民不會在意,但你仍然可以從對方的神情感覺到他們的失落。相反地,如果候選人能夠過目不忘,看到認識的選民馬上叫出他名字,甚至連他的家庭親友工作地址都背得出來,那種受到尊重的感覺,比起任何的讚美都更有用。

如何建立台中市的共同體意識

綜上所述,現身是一種通路,並且具有「服務」與「表演」雙重功能。但無論是業務諮詢、輔助裁量、延伸手腳的服務,抑或是勤、範、親的表演,它們都有一個共同點,那就是無關意識形態。

133

無關意識形態，既有消極的意義也有積極的意義。消極而言，就算你的服務與表演都很到位，已經算是選民喜歡的候選人了，但你可能毫無進步價值可言。值得慶幸的是，積極來說，正因為與意識形態無涉，所以你能夠為服務與表演賦予進步價值。就像是你可以把延伸手腳、業務諮詢、輔助裁量的服務提升為具體的政策建議，你是可以帶入公共利益的視野，而非僅僅停留在為當事人的角度；甚至，如果你具有社會賦權（social empowerment）的問題意識，還可以通過服務與表演的過程，反過來培力當事人。

說得更極端一點，既然選民是先喜歡一個人，才喜歡他的意識形態，那你當然可以通過成為一個「值得被喜歡的人」，來推廣你認為「值得被喜歡的意識形態」。儘管如此，缺乏意識形態並不妨礙你成為那個值得被喜歡的人。

現身作為一種通路，某種程度上解釋了為什麼民進黨在縣市議員的層級表現得比縣市長的層級來得好。但這也暴露了一個問題，那就是候選人的去意識形態化。當候選人發現，透過無關意識形態的表演與服務就能夠維繫支持者，候選人自然會避免陷入意識形態的對決。

這是個嚴肅的問題。缺乏或隱藏意識形態的候選人固然安全，然而一旦候選人為迎合選民而去意識形態化，無異規避了政黨政治與責任政治的課責。況且，台灣社會仍然需要意識形態的選擇。

2019 年的七四八號解釋施行法，2021 年的四大公投，對於台灣社會的影響深遠，在在顯示意識形態選擇的重要與必要。

我們不得不承認，地方層級選舉要操作議題，比起中央層級選舉要來得困難；畢竟，比起中央政治，地方政治更難得到主流媒體的關心與注意。在 2022 年的地方選舉，民進黨被批評缺乏主軸、激不起支持者熱情，導致低投票率。因此，重返論述，找到議題操作的節奏感與層次感，絕對是民進黨當前最重要的課題。但要怎麼做呢？有幾點或許可供參考：

第一，建立中央地方層級化的論述。以台中空汙防治為例，在中央層級是能源轉型以燃氣代燃煤的議題，在地方層級則是提升空氣品質的議題，兩者固然彼此連動，卻不能混為一談。建立層級化的論述，一方面是要按照地方選區的特性設計論述，來吸引地方選民的關注；另一方面也是要用中央政治拉抬地方政治，來吸引主流媒體的關注。透過中央與地方的相輔相成，來讓議題成為候選人與選民難以迴避的事情。

第二，建立共同體的論述。地方政治不比中央政治的曝光度與能見度。但地方政治比起中央政治更貼近日常生活，也更有助於經營共同體意識。以台中市為例，諸如空汙防治、捷運藍線、社會住宅、治安惡化等議題，或許還不如經營台中人認同來得容易且有感。本來，根據共和主義的信條，就是要先有共同體的意識，

才會有自己的共同體自己救的行動。

第三，用運動的論述取代對決的論述。對決就是選擇題，選擇A等於放棄A以外的其他可能。如同那句廣告文案「小孩才做選擇，我是大人，我全都要」，選民也都想當大人，非到最後關頭誰都不願做出選擇。這是為什麼候選人要去意識形態化的原因，也是為什麼對決不吃香的原因。所以在建構論述的時候，把議題操作設想成一個運動過程，而非設想成一個非此即彼的對決，或許更有助於讓選民接受。

第 7 章

地方財團與地方政治的互動關係：
以六輕與雲林爲例

｜林鴻揚｜

／作者簡介／

林鴻揚，雲林麥寮人，台灣大學地理環境資源學系碩士。學位論文主題即在探討六輕工業區與麥寮地方社會之間的緊密關聯。畢業後陸續擔任學術研究助理與國會助理，持續關注雲林沿海地區的環境變遷、產業文化與政治發展。

前言

「六輕是全台灣省最大的石化廠之一，……六輕來有好有壞，交通、空氣一定有變差，人變多。但是說回來，我們也有拿到回饋啊！……也要有台塑才有兩億稅收啊！……那麼大的企業你趕不走，就是要當好厝邊啊！」[1]

「現在麥寮鄉公所跟台塑爭取四億七千九百萬，現在那邊也要蓋圖書館、美學館……麥寮一直在建設，……所以說生活品質提升，人口一直增加，他鄉都來這裡工作居住。……這是鄉長跟台塑爭取的，廠鄉一家親。企業家來到這裡了，定居了，也不可能搬走，環保工安做好，他也會回饋地方，這是最好的。才會說共存共榮，廠鄉一家親。」[2]

「這個議員很乾淨！因為他沒有拿六輕的工程，其他很多人都有！」[3]

作為全台灣規模最大的石化工業區，台塑六輕自從1998年於雲林縣麥寮鄉設址營運以來，屢屢傳出工安爆炸和汙染危害等爭議事件。憤怒的居民與政治人物發起激烈的抗爭活動，並於2010、

1　2018年8月2日，麥寮鄉瓦磘村村長陳志賢訪談紀錄。
2　2018年8月6日，麥寮鄉鄉民代表林森敏訪談紀錄。
3　2018年11月14日，佳和修車廠許龍盛與雲林縣議員許志豪聊天紀錄。

2011年間達到高峰。然而，如今麥寮人的態度卻大不相同，任憑環保團體大力動員疾呼，「理應」站出來反抗的第一線居民卻無動於衷，冷眼旁觀。「理應」為人民發聲的地方政治人物則多半態度閃爍，只著眼於六輕的回饋與建設，似乎跟企業有著千絲萬縷的曖昧互動。難道雲林人真的被財團「收買」而選擇漠視？如此緊密的政商關係又是如何形成的？本文將以台塑六輕與麥寮政治派系、地方社會的互動為例，探討大型財團如何影響地方政治的運作，形成「魚幫水，水幫魚」的互利共生關係，藉以鞏固企業在地方的穩定經營。

風頭水尾的邊陲地帶：
「窮怕了」的麥寮人喜迎六輕進駐

麥寮鄉位於雲林縣西北端，在地人習慣稱呼此地為「風頭水尾」，風頭形容位處濱海，強勁的海風首當其衝；水尾則指稱居於農業灌溉網絡的末端，缺乏淡水資源。再加上土壤鹽分甚高，種種惡劣的環境條件導致農作物收成不佳，居民生活非常困苦。1970年代以降，都市工商業的急遽發展吸引了大量青壯年出外打拚，謀求更好的經濟收入，造成麥寮鄉人口嚴重流失與老化。

與此同時，台塑企業於1980年代四處尋覓場址興建全台灣「第六套輕油裂解廠」（六輕），此為石化工業上游製程當中最為重要的階段，但在宜蘭、桃園、嘉義都受到地方的強烈反彈。時任雲林

縣長廖泉裕、議長張榮味見狀便極力爭取六輕改至雲林設廠，作為扭轉雲林發展困境的解藥，「窮怕了」的沿海居民甚至發起萬人遊行歡迎六輕。幾經波折，1991年六輕確定落腳麥寮，1994年開始填海造陸與建廠工程，1998年正式營運。六輕工業區全名「台塑關係企業麥寮工業園區」，雖因設有第六套輕油裂解廠而簡稱「六輕」，但廠區內部實則涵括了石化產業上、中、下游工廠共五十餘間，占地2,603公頃，年產值高達1.3兆元，占台灣整體GDP的10%左右，是全球最大的石化工業區之一。[4]

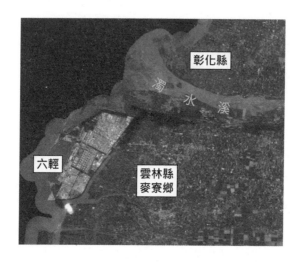

圖7-1：六輕地理位置圖，作者改繪自內政部國土測繪圖資雲110年正射影像圖。

4　台塑石化股份有限公司，〈關於六輕 經濟貢獻〉，http://www.fpcc.com.tw/tw/about/no6。

圖7-2：六輕航照影像圖。資料來源：內政部國土測繪圖資雲110年正
射影像圖。

大型工業區的設立為貧窮的農業縣帶來嶄新的「商機」，除了數以
萬計的工作機會吸引居民返鄉就業，六輕進駐初期麥寮鄉民心目
中最為深刻的記憶就是政客結合黑道、樁腳前來「炒地皮」，鄰近
農地從一甲兩百萬元狂飆至千萬元以上的天價。而台塑作為外來
企業，也必須學習在地特有的政治生態，與地方政客以及黑道大
哥「打好關係」，委請他們協助擺平民怨與紛爭。

夢醒時分？
2010年前後的工安爆炸與汙染疑慮

六輕帶來了龐大的經濟利益與就業機會，卻也衍生許多汙染跟工安的爭議。居民經常在六輕煙囪的下風處聞到刺鼻的化學酸臭味，[5] 農業與養殖漁業的產量也驟然減少。2009年台灣大學公共衛生學院詹長權教授證實了居民的疑慮，其流行病學研究指出六輕排放造成鄰近地區有毒物質濃度提高，癌症的發生率與死亡率亦急遽上升。[6] 屋漏偏逢連夜雨，汙染危害遭到揭發後，2010、2011年六輕更接連發生八起非常嚴重的爆炸事故，[7] 大火延燒數日，鄰近住宅的牆壁毀壞，養殖魚塭內的魚類與貝類大量死亡。憤怒的居民和政治人物再也無法忍受，集結在六輕門口圍廠抗議，要求停工改善。

2010年前後接踵而來的汙染揭露與工安意外摧毀了社會大眾的信任，台塑原先良好的企業形象跌落谷底。輿論壓力迫使台塑石化

5　自由時報，〈學童聞惡臭「六輕把我當垃圾」〉，https://news.ltn.com.tw/news/life/paper/314663。

6　詹長權，〈97年度空氣汙染對沿海地區環境及居民健康影響之風險評估規劃第1年計畫研究報告〉，《環保案件查詢系統》，行政院環保署。http://epq.epa.gov.tw/project/projectcp.aspx?proj_id=AHPDCEZJSV。

7　雲林縣政府計畫處，〈六輕資訊專區 大事紀〉，https://planning.yunlin.gov.tw/cp.aspx?n=1141。

董事長跟總經理引咎辭職，[8]政府大力推動全面性的工廠體檢與評鑑，環保團體也紛紛進駐麥寮進行倡導與動員，鼓勵居民勇於監督與對抗六輕這隻危害甚深的工業巨獸。

然而，今日的麥寮卻是完全不同的光景，政治人物與六輕關係緊密，居民態度曖昧，而環團則早已黯然退出麥寮。這中間究竟發生了什麼變化？

共存共榮，廠鄉一家親：
六輕敦親睦鄰方針的轉向

2010年前後的危機是個非常重要的轉捩點。在這之前，六輕多半委請地方上有頭有臉的人士協助排解居民的疑慮和不滿。然而，一旦發生汙染爭議與工安意外如此重大的事故，民怨沸騰，政治人物迫於壓力反而回過頭來批判六輕。因此2010年以降，六輕除了積極宣傳工安與環保的改善，更重新調整了「廠」「鄉」互動的方向：不再把所有資源給予少數政客，而是要讓全體居民「雨露均霑」，藉此扭轉地方社會對六輕的態度。

六輕設廠初期所提供的就業機會為台塑正式員工的職缺，需有相

8　公視新聞網，〈六輕火警 王文潮.蘇啟邑請辭獲准〉，https://news.pts.org.tw/article/186915。

關學歷或技術，專業門檻高，名額也有限，許多居民無法擠進窄門，被排除在六輕帶來的經濟紅利之外。但2010年爆炸案之後，六輕將管線噴漆與除鏽、鐵皮屋裝修、配管、電銲、搭鷹架……等業務發包出去，吸引了許多承包商進駐。這些承包公司絕大多數由地方頭人與政治人物所開設，並召募了許多無相關學歷背景的一般工人。根據六輕自己的統計，六輕正式員工約一萬三千多人，麥寮人占了10%；[9] 外包商員工約兩、三萬人，麥寮人的占比高達60%。[10]

也就是說，六輕捨棄過去僅與政治人物交好的模式，改為透過工程發包將地方頭人與一般居民共同吸納進來六輕這個龐大的經濟體系，讓居民必須長期倚靠六輕的工程才能維生。如此一來，整個地方社會與台塑六輕的連結變得更加緊密，許多頭人與居民因為承包六輕工程而大幅改善了生活處境。在此同時，工人們的向心力與危機感也被激發：倘若六輕遭受環保團體的攻擊而導致關廠，全體鄉民的生計勢將受到衝擊。工人們參與抗爭的意願因而降低，甚至當輿論出現了不利於六輕的言論時，這些頭人與員工甚至還會主動站出來澄清和反擊。

9　資料來源為2018年8月7日參加六輕廠區官方導覽中，公關人員介紹投影片中援引人事室統計之內容。至2018年6月為止，六輕「正式」員工共13,323人，設籍雲林縣者占一半（6,332人），其中麥寮有1,276人，是人數最多的鄉鎮；南邊的台西鄉也有568人，僅次於麥寮與虎尾，排在第三位。

10　台塑企業，〈六輕到麥寮〉，http://mailiao.fpg.com.tw/j2pk/page/aboutus.do。

除了藉由就業機會與工程發包改善居民的經濟狀況，六輕還取代
了上級政府的治理角色，以私人企業的身分提供地方各種公共服
務。由於麥寮位處雲林沿海地區，可說是「偏鄉中的偏鄉」，為政
府治理的最末端，再加上雲林縣政府財政狀況欠佳，資源不足，正
好讓六輕有機會展現出回饋地方的誠意，而苦無經費的地方政客
便趁機與企業建立起密切的合作關係。這種現象在2014年許忠富
當選鄉長後更是明顯，六輕與麥寮的互動關係越來越緊密。六輕
透過捐獻與稅金繳納挹注了大量金錢予麥寮鄉公所。從2023年鄉
公所總額九億餘元的年度歲入來看，六輕捐獻高達四億一千萬，
而共計三億元的土地稅跟房屋稅當中，則推估約有兩億餘元為六
輕所繳納，總計將近七億元來自六輕。換言之，一個公家機關竟
有七成以上的經費源於私人企業。相較之下，上層政府直接給予
的統籌分配款僅有一億三千萬元，只占14%。[11]

麥寮鄉公所2023年度歲入 (945,697,000元)

其他來源 22%
六輕捐獻 413,900,000元 44%
土地稅 (多數) 100,000,000元 11%
房屋稅 (多數) 220,000,000元 23%

圖7-3：麥寮鄉公所2023年歲入來源占比圖。

相較於中南部其他沿海鄉鎮僅約兩、三億元的年度歲入，每年有將近十億元能夠運用的麥寮鄉得以推行許多完善的公共服務，分為硬體建設、社福補助、直接補貼等三種類型。2014年許忠富當選鄉長後提出「十二項建設」，在鄉內各村落大舉興建活動中心、圖書館、運動中心……等公共設施。[12]2018年六輕更是捐贈將近五億元，打造全台灣規模最大的社教園區，這也是麥寮鄉有史以來最大的建設案。[13]社福補助包含新生兒禮金、學生營養午餐、獎學金、老人共餐、長照補助、急難救助、喪葬補助……「從搖籃到墳墓」全都涵括在內。直接補貼最為居民所樂道的就是每人每年7,200元的敦親睦鄰基金，只要設籍於麥寮的民眾全都可以無償領取。

六輕亦非常積極參與農會、社區發展協會、救國團、獅子會、義警消、巡守隊、廟宇等地方組織，建立起十分緊密的社交網絡。各種大大小小的地方活動，六輕一定出錢又出力，讓居民能夠感受到企業融入地方社會的誠意。

---

11 麥寮鄉公所，〈112年度總預算〉，https://www.mlvillage.gov.tw/form/Details. aspx?Parser=2,10,62,,,,575。

12 許忠富，〈2020.5.12臉書發文〉，https://www.facebook.com/photo.php?fbid=19 00738946726472&set=a.200984686701915&type=3&theater&ifg=1。

13 黃淑莉，〈麥寮社教園區動工 台塑捐贈近5億工程費〉，https://news.ltn.com. tw/news/life/breakingnews/2338913。

台塑自己也在 2009 年於六輕旁邊設立了雲林長庚醫院,[14]透過旗下
醫院與公益基金會的資源關懷老年人口、低收入戶等弱勢族群。
他們組成「台塑健康關懷團隊」,定期到村內訪視,幫忙長輩量測
血壓與血糖、倡導體適能運動與健康飲食,甚至每天派人親送便
當到獨居老人家中。[15]針對低收入戶,則是在各大節日舉辦活動捐
贈慰問金、獎學金、生活用品等等。[16]

不僅麥寮鄉,財政狀況長期困窘的雲林縣政府亦獲得六輕許多回
饋挹注,如三十億元的農業安定基金、兩億四千萬元的道路養護
基金、十億元的農業博覽會與基礎建設經費、[17]八億餘元的學校校
舍新建……,[18]總計金額已逾七十億元。儘管歷任縣長都強調不會
因此受到六輕箝制,但不可否認,這些捐款對於捉襟見肘的縣政
府來說無疑是非常重要的經費來源。

上述全都是六輕以「廠鄉一家親」、「敦親睦鄰」的名義直接回饋給

---

14 長庚醫療財團法人雲林長庚紀念醫院,〈院區簡介〉,https://www1.cgmh.org.
   tw/branch/mil/about.htm。
15 台塑企業,〈健康關懷〉,https://www.fpg.com.tw/tw/healthy/4/28。
16 咱的好厝邊-台塑企業麥寮園區,〈春節低收入戶關懷活動〉,https://www.face-
   book.com/mailiaofpg/posts/295621062605434。
17 蘇治芬,〈2019.9.27臉書發文〉,https://www.facebook.com/suchihfen/photos/
   a.593756280753240/2286007528194765/?type=3&theater。
18 咱的好厝邊-台塑企業麥寮園區,〈台塑企業麥寮汽電公司促協金-捐建「豐
   安國小老舊校舍」重建〉,https://www.facebook.com/FormosaPlasticsGroup/
   posts/317433840424156。

雲林縣民各項公共服務。六輕的進駐也間接帶動麥寮鄉的繁榮發展，大量就業機會、公共建設與社福補助除了讓本地子弟願意留在故鄉工作，還吸引許多外地人遷入定居。六輕設廠後，麥寮人口數急遽攀升，從 1998 年六輕開始營運的 32,717 人攀升至 2023 年初的 49,394 人。[19] 這在中南部日漸衰頹的偏遠農村當中非常少見，麥寮鄉甚至一舉超越北港、西螺、斗南等傳統大鎮，躍身為雲林縣僅次於斗六市、虎尾鎮人口第三多的鄉鎮。建商也嗅到六輕帶來的住宅商機，新建案如雨後春筍般冒出，供不應求，房價已經飆破每坪二十萬元。鄉內商店林立，儼然成為雲林沿海發展最為繁華與富庶的地區。

雲林縣財務本就不甚富裕，麥寮更是位處邊陲地帶，六輕卻透過各種大型建設與社會福利的金錢挹注填補了國家施政的空缺，甚至做得比政府更完善，讓居民對六輕的好感大幅增加。六輕的進駐帶動工商服務業的蓬勃發展，滿足偏鄉居民對於發展的渴望，讓地方政客可以藉此向民眾誇耀政績，又可以獲得工程承包的利益。可以說，六輕透過經濟利益的分享、工作機會的給予、地方建設的回饋，強力滲透進麥寮的地方社會，讓地方政府、政客與居民均非常依賴六輕。

---

19 雲林縣麥寮戶政事務所，〈村里鄰人口數〉，https://mailiao.household.yunlin.gov.tw/popul01/index.aspx?Parser=99,5,40。

衣食父母／各懷鬼胎：
地方政治人物與台塑六輕的互動模式

外來企業與地方社會的緊密連結，大幅改變了麥寮的經濟體系與公共服務的樣貌，也對地方政治的運作模式帶來非常劇烈的影響。

早期麥寮鄉內的政治版圖與其他中南部農村相仿，自1950年代地方自治開創以來即區分為林派、許派兩大派系。因林派人數較多，所以直選性質的鄉長當選機率較高，鄉公所長期由林派把持。許派則於1970年代後期以降主掌間接選舉性質的鄉農會，但農會內仍有少數林派勢力。兩派皆與國民黨長期友好。六輕設廠之後，台塑直接將資源給予政治人物進行分配，期盼他們能夠協助擺平地方紛爭。但好處都讓地方派系「整碗捧去」，居民無法感受到六輕進駐帶來的建設福利，因而怨聲載道。

2010年爆炸案後，六輕大幅改變敦親睦鄰的策略，希望讓政治頭人與居民「雨露均霑」。在此同時，地方政治的樣態也出現劇烈的翻轉，2014年鄉長選舉由民進黨籍的許忠富對壘林派候選人，許忠富抓住傳統派系政治的利益分贓所累積之民怨，訴求「打破派系」、「與六輕共同發展」，最終成功當選，成為史上第一位民進黨籍的麥寮鄉長。許忠富上任後，與六輕合作大興土木，麥寮的公共建設有了飛躍式的進展，讓他的支持度急遽飆升。從此之後，麥寮的政治運作走向嶄新的局面。

屆次	任期時間	姓名	黨籍	相關資訊
10、11	1986~1994	林松村	國民黨	引進六輕
12、13	1994~2001	許茂雄	國民黨	.
14	2002~2006	林世崇	國民黨	收取回扣遭判刑12年
15、16	2006~2014	林松利	國民黨	林松村之弟
17	2014~2018	許忠富	民進黨	積極與六輕合作建設
18	2018~2022	蔡長昆	民進黨	前鄉代會主席
19	2022~	蔡長昆	無黨籍	選前退黨

表7-1：1990年代六輕進駐後麥寮鄉歷任鄉長相關資訊。

從派系與政黨的角度來看，表面上看似舊有偏向國民黨的林派、許派競爭被打破，而民進黨勢力茁壯，形成藍綠政黨相鬥的態勢；但實際上「派系」與「人治」從未消逝，民進黨只是「加入」了地方派系競爭的行列，且國民黨、民進黨各自山頭林立，有力人士紛紛形成自己的陣營，政黨內部異質性極高。會造成如此百花齊放的原因，在於握有資源的頭人變多了。

2010年以降，六輕將大量工程業務發包出去，吸引了承包商的進駐。許多政治人物與外地商人藉由承包工程賺取巨額財富。這種經濟優勢在偏遠鄉村非常難得，進而提升了包商在地方政壇與社會的影響力。他們形成了一種新的「包商階級」，挾帶著強大的金錢資源以及跟麥寮「衣食父母」——六輕的緊密關係，一舉躍升

為地方重要的意見領袖。現任鄉長蔡長昆、鄉民代表會主席韓青山，以及鄉內信仰中心──拱範宮媽祖廟的主委張克中，本業均為六輕包商。更不用說麥寮許多縣議員、鄉民代表、村里長等與其家屬親信也都有參與工程事務。掌握地方行政與社會話語權者幾乎都是包商，使得麥寮自然會跟六輕維持良好的互動關係。綜言之，地方派系並未消失，只是外來企業帶來的工業利益導致了地方勢力的重整，形成有別於傳統、異於外地、麥寮特有的政治運作樣態。

六輕介入地方政治事務的原因在於減緩企業發展的阻力與負面聲量，因為發生工安意外或汙染指控時，具有行政裁罰權以及鼓動民眾前往抗議的人都是政治人物，只要將他們控制住，就可以降低企業經營成本，瓦解反對力量。另一方面，台塑也期盼地方上能有更多人站出來替六輕發聲，因此透過經濟利益的給予、地方社會的參與、政治頭人的結盟，來加強自己在麥寮的影響力與社會聲望。如此一來，當不利於六輕的言論出現時，就能藉由地方頭人和員工綿密的人際網絡進行澄清與反擊。除了經濟面向的相互合作，在政治與社會面向，六輕更希望運用這些包商／頭人作為企業、地方、政治場域之間的「黏著劑」。

六輕如何與這些包商／政治人物互動呢？台塑在六輕廠區位階最高的管理機構「麥寮管理部」設有涉外組，作為企業與地方的橋梁。涉外組每位專員配有對應的政治人物與地方頭人，逢年過節

就會到對方家中送禮，維繫感情；平時也常去泡茶聊天，體察民情，若遇到抱怨或需求，即可立刻協調處理。

選舉時，六輕會依照位階差異給予政治人物不同的「協助」，以尋求當選後對企業的支持。立委、縣長等級別較高的選舉，主要是透過合法捐助政治獻金的方式拉攏候選人。（資料來源為居民口耳相傳，雖然政治獻金系統有查到，但金額並不多。）鄉長、村長、鄉民代表、縣議員等地方選舉，則是用工程發包作為利益交換的手段。

利益最為豐厚、最受政治人物覬覦的工程案有兩種：第一，六輕會以「煙囪清潔費」的名義把工程發包給政治人物或其親屬經營的清潔公司，地方稱之為「抱煙囪」。每根煙囪價碼不一，最高可達兩、三千萬元之譜。並非所有政客都「抱」得到煙囪，只有縣長、議長、副議長、鄉長、縱貫線黑道大老等層級夠高的頭人才夠資格獲取此種暴利。（資料來源為居民口耳相傳，並無明確證據。）

第二，統包案。六輕會把鷹架、管線、克漏、除鏽……等不同類別的工程整合成一個大型的統包案，先發包給一間大包商，其中百分之十五的費用作為大包商的「行政管理費」，大包商再將細項工程分包給其他中小型包商去做。具有實力承攬統包案者多為縣議員、鄉民代表會主席等級的民意代表，六輕不僅藉以攏絡中高層政治人物，這條「六輕—地方頭人—中小型包商」的產業鏈更是

強化了底層業者對大包商與六輕的依賴程度。除了金錢利益，頭人們亦能取得政治與社會支持。開設包商提供工作機會給地方居民、透過與六輕的友好關係介紹居民入廠成為正式員工……新型態的「選民服務」讓政治人物擄獲了旗下工人與中小型包商的選票支持。

巨大的金錢與政治利益驅使地方頭人開設包商，另一方面，包商也積極從政，因為六輕會給具有民選政治職位的包商許多優勢。倘若兩家廠商其中一邊有政治人物撐腰，一邊沒有，六輕往往傾向將工程發包給前者。所以近年來麥寮鄉各項選舉的競爭非常激烈，候選人紛紛「大撒幣」，鄉民代表的參選經費甚至可達六、七百萬元。作為最基層的民代，鄉民代表的微薄薪水遠遠比不上競選經費，不過頭人們仍然趨之若鶩，就為了當選後可以包到更多工程，賺取更多利益。財力越加豐厚也代表政客得以花費更多金錢與人力從事選民服務，獲得更多選票，鞏固政治地位。在2010年後的麥寮政壇當中，政治人物／包商兩種身分、政治／經濟兩個領域的連結已經越來越緊密，甚至合而為一。目前麥寮許多檯面上的政治人物都與工程包商有關。

相對的，這就意味著六輕能夠透過工程發包來控制政治人物。當六輕需要「協助」時，被掐住經濟命脈的政客與頭人們便需要出面幫忙解決，否則將無法獲取預期的工程利益。面對頭人們的需求，六輕亦非照單全收，而是因人而異，也牽涉到台北總公司與

麥寮管理部主事者的政策方針。如地方傳言六輕「給了工程，就不
會給公共資源」，所以某位包商當選鄉長後順利承攬了許多工程，
但六輕給予該屆鄉公所的建設經費就遠遠不及前任。

表面上，六輕藉由「糖果」與「鞭子」的威脅利誘牢牢地控制住地
方政治人物，然而實際情況卻更為複雜，包商並非只能乖乖地聽
話，任由六輕擺布。2022年地方選舉，某位具有黑道背景的克漏
包商出馬參選鄉民代表，並且劍指代表會主席，目的就是為了與
六輕「談條件」。這位包商先前將麥寮鄉內供給六輕的砂石場全部
買下，並將砂石定價提高至市場價格的1.3倍，意欲透過壟斷貨源
牟取暴利。六輕見狀便從外縣市調派砂石車前來支援，這名包商
之弟竟然製造假車禍以恐嚇外地廠商，最終兄弟三人都被收押。[20]
包商這次出馬參選代表會主席，就是希望當選後能夠透過職位的
權威向六輕施壓。(該名包商雖然成功當選鄉民代表，但並未選上
主席。)再如雲林縣議會內設有「六輕監督專案小組」，許多議員
爭相加入，據傳也是為了能在承攬工程方面具有更多「優勢」，一
旦工安事故發生時，這些政治人物就能憑藉著職權與輿論民怨跟
六輕「談條件」，趁機取得承包修復改善工程的機會。

因此，六輕絕非由上而下強力地箝制住包商，其實包商亦有談判

---

20 董美琪，〈影／雲林「橫行三兄弟」為搶六輕工程！　派小弟、熱褲妹1天4次
　　給砂石車撞〉，https://www.ettoday.net/news/20200523/1720647.htm。

叫板的籌碼。雙方處於非常不穩定的競合關係,各懷鬼胎、各取所需。包商內部也是山頭林立,時常為了工程與政治利益而相互鬥爭。

至於不包工程、不合作的政治人物,由於人數稀少,六輕不會刻意排擠,或者運作使其落選。涉外組的專員仍然定期造訪送禮,但僅止於此,雙方保持一定距離,井水不犯河水。少數願意認真監督六輕的政治人物都感到非常無奈,己方勢單力薄,猶如狗吠火車。

「廠鄉一家親」之下漸趨邊緣的公民行動

2010年前後六輕頻繁的爆炸案促使環保團體前來發起反抗運動,居民積極參與,形成一股強大的監督力量。然而,如此的動能至今卻已全然消逝。2010年後,六輕加強與地方社會的緊密連結。相對於財力雄厚、深入公共事務運作且具有綿密人際網絡的大企業,外來的環保團體往往受限於資源的匱乏,無法長期駐點並積極動員,因此在居民的印象中漸趨模糊,「平常不見人影,只有六輕出事才現身」。

六輕與包商/政客的詭譎互動也影響到居民的態度。發生爆炸意外時,政治人物表面上慷慨激昂地帶領民眾抗爭,但得到工程利益後便轉身離去,抗爭不了了之。久而久之,抱持環保意念的麥

寮居民心灰意冷，一方面體認到自己不過是政客向六輕談條件的籌碼，另一方面也深刻感受六輕與地方社會的盤根錯節實在難以扭轉，所以不願繼續投身反抗活動。

更有甚者，地方上開始傳出環保團體與專家學者「不乾淨」的說法，環保團體並非外界所說的正義使者，而是別有居心的可疑分子，同樣為了向六輕「勒索要錢」才會發起抗爭。儘管環保團體多次出面闢謠，但這些正中民眾痛點的論述仍然隨著六輕公關人員、政治人物、包商、員工等強而有力的人際網絡在地方社群中廣為流傳，導致有心監督者更加難以動員群眾，無法組織足夠的民意壓力迫使六輕改善，形成「弱者更弱」的惡性循環。近十年來，麥寮鄉內相關的公民行動均陷入如此困境，無以為繼。

結論：六輕的「麥寮化」，麥寮的「六輕化」

麥寮鄉位處「風頭水尾」的惡劣環境，居民生活困苦，1990 年代台塑六輕的進駐帶來了大量工作機會與經濟利益。但 2010 年前後的汙染危害與工安意外深深破壞了居民的信任，六輕因而改變廠鄉互動的策略，希望能與地方社會共存共榮、雨露均霑。

六輕透過工程發包的利益吸引頭人開設承包商，並以較為寬鬆的條件招攬居民成為包商工人，擴大就業，藉此將頭人與居民一同納入六輕的工程體系之中，享受經濟紅利。同時，六輕會給予握

有政治職位者更多工程承攬的優勢，進而促使包商積極從政。具備豐厚財力與旗下工人支持的包商在鄉下選舉勝出的機率極高，目前麥寮絕多數政治人物都與六輕有關，形成有別於地方派系與政黨競爭的政治運作模式。甚而，前述提及現任鄉民代表會主席韓青山、競爭者陳宏吉、拱範宮媽祖廟主委張克中等握有大位的包商政治人物多數並非出身本地，而是來此做生意才定居入籍的外地人。這在注重傳統地緣與血緣連結的中南部鄉村實屬罕見，由此可以看出六輕帶來的人群流動與政商權力體系已對原有的社會關係造成劇烈改變，麥寮儼然「六輕化」。

麥寮特有的「包商／政客階級」除了能在六輕遭遇麻煩時於政府體制內提供協助，還可作為六輕與地方社會的溝通管道，維持廠鄉之間的良好互動，同時協助六輕達成「麥寮化」的目標。由於上級政府財政困窘，六輕趁機與包商／政客合作，挹注大量資源推動基礎建設與社福措施。不僅政治人物得以獲取政績，居民也能夠享用偏遠鄉村難能可貴的經濟發展與完善的公共服務。更重要的是，六輕因而博得民眾好感，成功打入地方社會。六輕、頭人、鄉民之間的關係愈趨緊密，「廠鄉一家親」。自此，六輕已經成為麥寮人賴以維生的「富爸爸」、不可或缺的「好夥伴」。

六輕看似緊緊地掌控地方社會，但實際狀況卻暗濤洶湧。包商並非省油的燈，任憑六輕擺布，他們也會反過來挾帶職位權威與民意興論向六輕「討價還價」，意欲奪取更多利益。在這樣的過程

中，爆炸案當時集結反抗六輕的居民逐漸感到自己只是政客的談判籌碼，不願繼續參與抗爭，導致原就處於弱勢的公民行動更加難以動員，陷入惡性循環。

中南部農村的地方政治運作本以「利益」作為各方競逐的目標，透過扶植「包商階級」的興起，六輕巧妙地在原有的派系政治基礎上建立起以自己為核心的經濟／政治利益體系。儘管雙方各有盤算，但六輕與包商／政客無疑聯手組成了一股強大的勢力，在上級政府效能薄弱的麥寮地方社會中「隻手遮天」，協商出一套獨特的遊戲規則，代為主導經濟紅利、公共服務、人際互動等各個面向的資源分配，並為自己累積了豐厚的利益。不論是否願意，麥寮人的生活無不籠罩在六輕的陰影之下。六輕與包商主掌了地方社會的運作，以監督六輕為職志的公民行動自然被視為眼中釘而備受壓制，難以有效運作。

從六輕與麥寮的案例可見，當富可敵國的私人企業以「衣食父母」之姿進駐長期缺乏資源的偏遠鄉村，將對地方社會與治理場域帶來多麼劇烈的改變。

第**8**章

後山、移民、拚觀光：花蓮國是如何鑄成的

|　蔡中岳　|

／作者簡介／

蔡中岳，花蓮人，台北大學社工系畢業。長期任職於環境組織，曾在花蓮養蜆、賞鯨、文化館、餐廳等產業打工，並參與地方選戰。關注花東發展、氣候變遷、淨零轉型、公民教育等議題，希望可以一直住在沒有花蓮王的花蓮。

前言

「讓我們歡迎，翻轉花蓮後山的命運，幸福的總舵手——傅崐萁」，2022年11月，九合一地方選舉前十天，韓國瑜來到花蓮幫戰友傅崐萁、徐榛蔚夫妻站台。現場並沒有響起熟悉的「檀島警騎」主題曲，但2001年初登板就選上立委、叱吒花蓮政壇二十年的傅崐萁現身了，再度在簇擁下登上舞台。這回選舉仍無懸念，他們家以超過30%狂勝對手的得票率，又贏了，夫妻掌握縣府十三年後，邁向下一個四年，坊間戲稱的「花蓮國」仍然穩固。

誰是花蓮人？一百五十年來的花蓮移民史

「花蓮人要建設，外地人勿干涉」、「不要讓外地人黑手壞花蓮」，針對花蓮193縣道的拓寬案，部分鄉親高舉手牌，彷彿要建設的花蓮人長期被外地人打壓。這樣的場景在2000年後的花蓮重大開發建設案都會不時出現。但我們首先要釐清，誰是「花蓮人」？

史前時代的長濱文化、八仙洞遺址、卑南、靜浦文化到最新出土的漢本遺址，從考古學來看，兩萬年前中央山脈以東就有人類活動，近代一點，原住民族一定是在花東土地上的先民。漢人約莫在清朝末年進入東部地區。沈葆楨時期的開山撫番政策，分北中南三路攻入「後山」，開始與花東原住民接觸。根據《歷史花蓮》的描述，這群進入花蓮的漢人移民多，且大多是政府政策引導下一

起來的，許多生存條件都要靠拓荒領導人的保障，所以順民多，不敢反抗，也不若西部地區的漢人社區，因為親族或長久生活而來得關係堅固。

日治時期是奠定花蓮基礎建設重要的基石，第一座官營吉野移民村於花蓮吉安設立。花蓮雖然早就有人類活動，但因為主流政權移入較晚，只有「遺址」而沒有「古蹟」，現在來花蓮看到的歷史建築如慶修院、松園別館，都是日治時期所興建。1949年，中華民國接收台灣，除了有軍隊陸續以開墾為由進入花蓮協助修築公路、建設之外，還有1955年來到花蓮的大陳島遺族。當年他們被安排到台灣三十五個聚落、村落生活，花蓮因為地廣人稀，結果成為全台最多大陳人的地方。本省人則是在1959年台灣西部發生八七水災後，因為許多家園、耕地無法再利用，於是政府有系統地引導他們至花東居住，例如知名景點赤柯山（金針山）上多為八七水災後的雲林同鄉。

花東從近代開發至今百餘年來，漢人族群鮮少超過五代，而且家家有本遷徙史。不好說的事實是，他們多半是在原居地遇到發展的阻礙、生活的不順，才會遷徙到被稱為「蠻荒之地」的花東地區。

到了台灣經濟起飛的80年代，東部的產業並沒有跟著成長，上述三波移民背景加上時不我與的缺憾感，構成了今日「花蓮人」的其

中一種樣態，那就是期待追上西部的發展。追上發展的關鍵之一是交通，這也是為什麼蘇花改已經全線通車三年了，支持蘇花高的民調仍居高不下的原因。

晚近，開始有尋找更好生活品質的漂鳥族移入東部，他們有可能是因為工作上的調整，也可能是拋下西部的一切來此展開新生活，這波移民仍在繼續中。與前幾波移民不同，這群人對於美好環境和生活品質抱持更多期待。在花蓮立志成為觀光大縣的願景中，這群人因此經常發出反對花蓮過於觀光化的聲音。

不同時期「花蓮人」的面貌，建構出今日花蓮。那麼，花蓮的政治圖像又是如何？

從第一屆民選縣長楊仲鯨講起

1950年～1951年，根據《臺灣省各縣市實施地方自治綱要》，全台分八期辦理第一屆縣市長選舉。在第一期的花蓮縣、台東縣選舉中，出身高雄右昌的台灣第一位留美學生楊仲鯨（1898-1967），代表中國民主社會黨，擊敗代表中國國民黨的花蓮縣議會副議長林茂盛，當選第一屆花蓮縣長。

在美學習礦業開探，返台後創立發明研究所的楊仲鯨，27歲前往花蓮港米崙（現花蓮市美崙地區）從事土地開墾，與在地居民、原

住民相處融洽。1945 年隨官派縣長張文成接收花蓮，曾擔任花蓮港接管委員會專員、民政處專員與山地農業職業補習學校校長。

第一屆縣市長選舉依《臺灣省縣市長選舉罷免規程》規定，須有全縣市過半數公民出席投票，得票超過投票總數之過半數者為當選。選舉結果如無人當選時，應就得票較多之前兩名候選人，於二十日內舉行第二次投票，以得票較多者為當選。花蓮縣長的第一輪投票結束後，六位候選人剩下閩南籍楊仲鯨與代表國民黨的客家籍林茂盛。到了第二輪投票，楊仲鯨陣營為確保當選，散播「福佬人選給楊仲鯨，客家人選給林茂盛」的耳語，由於當時花蓮的閩南人略多於客家人，開票結果由楊仲鯨當選。

閩客共治的花蓮政治生態

此次縣長選舉開啟了花蓮地方政治的閩客共治局面。當時正值戰後初期，從外地移民至花蓮的閩、客之間族群接觸還在試探、猜疑的階段，彼此缺乏充分的了解，一旦遇到事情很自然就會號召同鄉齊心對外，而戰後的第一次地方自治選舉，正是這兩個族群在政壇的首度遭遇，會出現以族群認同為號召、結盟，以及當選後任用同籍人士的情形，一點也不奇怪。

尤其是在二二八事件之後，國民黨深感地方的難以控制，為了避免地方勢力坐大，進而掌握地方自治權力，於是從第二屆開始，便

試圖運用閩、客情結作為控制花蓮政治社會的方法。第二屆由國民黨客家籍的林茂盛當選，第三、第四屆出現了無黨籍人士徐輝國出馬挑戰，但在黨、政、軍強力輔選控制下未能奏捷，之後徐輝國在國民黨吸納下加入國民黨，並獲提名當選第三屆省議員。此後，再也沒有非國民黨人士參與縣長選舉的競逐，每次選舉都由國民黨勝選，國民黨掌控花蓮地方政治長達五十五年之久（1954年林茂盛～2009年傅崐萁以無黨籍上任）。

在第三屆縣長選舉勝出的是任職情報局的外省籍胡子萍。本來籍籍無名的胡子萍，一方面在國民黨的協助下迅速拓展知名度，另一方面又早在爭取提名前便與各行各業建立連結，積極拉攏地方上的影響力人物，尤其與閩南籍的地方人士建立深厚交情，因此在選戰中被視為親閩人士，算是維持了閩客共治的局面。

除了縣長之外，另外一席重要的地方政治代表是省議員，長期以來同屆的省議員與縣長也都會呈現閩客平衡，這是花蓮地方政治運作的基本，廢省之後，地方民代的角色由立法委員取代，初期也承接了閩客平衡的邏輯，直到2000年的地方選舉才出現變數。

縣長	省議員	立委
1950 楊仲鯨（閩／民社）	1951 馬有岳（客／國）	
1954 林茂盛（客／國）	1954 林永樑（閩／國）	
1957 胡子萍（親閩／國）	1957 林茂盛（客／國）	

1960 柯丁選（閩／國）	1960 馬有岳（客／國）	
1964 柯丁選（閩／國）	1963 徐輝國（客／國）	
1968 黃福壽（閩／國）	1968 黃金鳳（客／國）	
1973 黃福壽（閩／國）	1973 吳水雲（客／國）	
1977 吳水雲（客／國）	1977 張俊雄（閩／國）	
1981 吳水雲（客／國）	1981 張俊雄（閩／國）	
1985 陳清水（閩／國）	1985 吳國棟（客／國）	
1989 吳國棟（客／國）	1989 王慶豐（閩／國）	1992 謝深山（閩／國） 黃信介（民）
1993 王慶豐（閩／國）	1994 張福興（客／國）	1995 鐘利德（客／國） 陳永興（民）
1997 王慶豐（閩／國）		1998 鐘利德（客／國） 張福興（客／國）
2001 張福興（客／國）		2001 盧博基（民） 傅崐萁（客／親）
2005 謝深山（國）		2004 傅崐萁（親） 盧博基（民）
2009 傅崐萁（無）		2008 傅崐萁（國） 2010 王廷升（國）
2014 傅崐萁（無）		2012 王廷升（國）
2018 徐榛蔚（國）		2016 蕭美琴（民）
2022 徐榛蔚（國）		2020 傅崐萁（國）

表8-1：花蓮縣長、省議員、立委的閩客平衡與黨籍區分（2004年後閩客分治的局面已重新調整，故不註記其族群）。

魏木村作票事件

除了閩客共治的邏輯，家族政治在花蓮的影響力也不可小覷。非營利組織經濟民主連合曾於2014年票選全台十大政治鴨霸家族，花蓮入圍的除了眾所皆知的傅崐萁夫婦（票選結果名列第五）外，還包括擔任過花蓮縣議員、花蓮市長的蔡啟塔家族，以及有七人從政的魏東河家族（票選結果名列第十）。這些政治家族在選舉的時候大致屬於國民黨陣營，彼此在政見上並沒有顯著落差，甚至鮮少有清楚而具體的政見，但由於基層經營扎實，在花蓮政壇持續發揮一定的影響力。

1991年，花蓮爆發民主化後第一波反對運動，由花蓮環保聯盟發起的「反水泥東移」遊行超過千人參與，當中除了來自全台各地的有志青年，還有地方上的在野議員加入。1992年12月，前民進黨主席黃信介打著「元帥東征」的名號來花蓮選立委，對手是國民黨籍的魏木村（魏東河的二哥），結果發生了轟動全台的作票事件。

開票結果顯示，被看好的黃信介輸給魏木村62票。隨即有人舉報發現作票線索，民眾群情激憤包圍花蓮縣政府要求驗票。投票三天後，民眾隔著拒馬與警方在花蓮市公所外對峙，經過一天一夜的驗票，檢方發現部分投開票所的「有效票」比「投票人數」還多。偵查得知作票方式是由多位選務人員趁監票人員不注意時，將事先已經蓋了投票章的空白選票投入票匭，導致平白多出736

張幽靈選票。

國民黨作票的事件震驚全台，然而在花蓮的五天抗爭過程，既沒有警民衝突，也無人受傷。面對國民黨地方政治人物的明顯違法行為，相較於前一年在台北的反核四運動，有學生與警方的肢體衝突，甚至在貢寮發生抗議者開車衝撞事件的高張力，花蓮人仍然維持和平理性的順民性格，正是因為絕大多數花蓮人都是移居者，對於威權統治者在地方的權力延伸，不敢也不想反抗。

民進黨在花蓮

民進黨在 1987 年成立後隨即在各地發展黨務，花蓮也不例外，早期在縣議會就有盧博基、田智宣等議員，但在僅有單一席次的縣長、省議員層級始終難以突破。在國會全面改選的 1992 年第二屆立委選舉中，花蓮縣有兩席名額，民進黨籍的黃信介歷經作票事件後成功當選，國民黨則提名謝深山、魏木村、鐘利德等人，最後由謝深山拿下另一席。1995 年的第三屆立委，在國民黨提名五人的夾擊策略下，具有全國政治知名度、一樣是從外地來的陳永興醫師，代表民進黨成功當選立法委員。

1997 年，花蓮高中畢業、頂著美國政治學博士的游盈隆代表民進黨參選縣長，雖然敗下陣來，卻是有本地經驗的民進黨政治人物在花蓮的第一次。游盈隆在花蓮三度參選縣長、兩度參選立委都

失敗（後面這次為黨內初選敗給盧博基），2003年最後一次參選縣長時盛傳他說了「花蓮縣沒政黨輪替，所以花蓮縣民主素養的程度比其他縣市差」這句話，導致在地民進黨人認為，民進黨之所以後來在花蓮的選情低迷，都是因為游盈隆這句話不斷發酵所致。

爾後的各項大選，僅有深耕地方、縣議員出身的盧博基，在多席次立委選戰中靠著泛藍分裂選上兩屆立委。隨著2008年實施立法委員單一選區兩票制後，除了一樣是具有全國知名度、空降花蓮投入地方經營的蕭美琴，曾在2016年泛藍整合失敗下贏得立委席次外，其餘的單一席次選戰至今仍無法突破。至於在縣議員層級，也從未有單屆超過兩成的議員席次。

多年下來，無論是哪一個層級的選舉，花蓮始終是以國民黨為首的泛藍陣營在台灣全島得票率最高的地方。在野勢力發展不順，一說是民進黨始終沒人才願意長期用心經營地方，知名度高的全國性政治人物，無論是元帥東征的黃信介還是十年耕耘的蕭美琴，當然有貢獻，但鮮少為花蓮舉才。另外一個原因，與2001年首次參選就當選立法委員的傅崐萁有著極大的關係。

那麼，傅家王朝到底是如何崛起的？

期待交通發展的花蓮人

2007 年由於蘇花高重啟環評而爆發爭議，花蓮縣選出的立委傅崐其以「行動總指揮」名號，率領六千多名花蓮鄉親包車北上包圍總統府，之後更轉往亞都麗緻飯店，以「借廁所」名義向反對興建蘇花高的飯店總裁嚴長壽示威。以往不敢也不需要反抗的花蓮人，為什麼突然變得如此「有個性」了？因為傅崐其掌握了花蓮人最在意的痛點：長期的交通不便。

花東縱谷的運輸確實較為困難。北起蘇澳南至恆春的中央山脈，在颱風時保障了西部平原不受大量風雨的侵害，因此被稱為「護國神山」；但這樣的屏障同時也阻隔了花東的交通，天災來臨時，鐵路停駛，蘇花、中橫、南迴等公路都會因為落石而中斷，我們花東人總會戲稱，「花東地區宣布正式獨立。」

交通的不便導致發展的緩慢。早在 1990 年代，當時的李登輝總統便提出「產業東移政策」，希望藉此可以均衡區域發展，縮短東西差距，但最後僅有水泥業、石材業因為原料在花蓮而順利移轉，其他產業都不成功，很多人直指問題出在交通不便。

再以 2005 年中低調開工、耗資近九億的鳳林「環保科技園區」為例。看似是一個污染較少、既「環保」又「科技」的園區，事實上卻是用來堆積、處理全台各地有毒廢棄物的處所。除了家戶垃圾

之外，還有許多工業化學製程的產物。園區設置前曾引起當地民眾反彈，但園區完工後的十幾年間卻未曾聽聞抗議。因為這裡成了知名的蚊子園區，利用率不彰，可說是近乎「空城」狀態，更曾被監察院糾正。近年來，縣政府索性把這裡當成遊樂區經營，跟當初的使用目的全然不符。

園區招商不順的原因不只一個，但最核心的原因還是花東地區「交通不便」。曾有廠商私下說，這些需要被處理的廢棄物，絕大多數來自西部，由於各地縣市政府在查緝廢棄物處理時並不嚴厲，「偷偷找地方埋，就算被抓到要罰款，都比送到花蓮來便宜」。廠商在考量成本之後，根本不會來東部發展。

不過，塞翁失馬，焉知非福。以環保科技為名的污染園區未能實現，或許少了些工作機會，卻創造了更多在地小農、慢城生活、小鎮觀光的可能，過去的交通不便反而成了今日的發展契機，鳳林現在已經不需要爭辯是否還需要「環保科技園區」了。

鳳林的轉變，正是花蓮、乃至整個東部地區的縮影。相較於台灣西部有空汙、水汙染、任意傾倒廢棄物的問題，東部反而因為交通不便，使其得天獨厚的自然資源得以保存，成為花蓮被世界看見的門窗，於是民眾開始渴望「無煙囪工業」的發展模式。雖然如此，觀光產業的收益仍然無法讓所有在地人雨露均霑，因為同樣在花蓮，還是有城鄉差距。看準了鄉親想要發展地方的美夢，政

客開始向選民推銷起蘇花高速公路。

面對蘇花高速公路的興建，正方與反方展開激烈辯論，支持者高舉「拒絕當次等公民」的標語走上台北大街，反對者則組成「洄瀾夢想聯盟」，擔憂蘇花高通車後會造成環境衝擊、生活型態改變、以及複製西部發展的錯路。在爭議過多、預算又不足的情況下，蘇花高的興建計畫先後變更為 2008 年的蘇花替（蘇花公路替代計畫）以及 2010 年的蘇花改（蘇花公路改善計畫）。

大型交通建設的來臨，必然帶來地方發展選項的改變。蘇花改在環評通過後，由於預期未來可能會「發展」，花東地區的地價狠狠漲了 1.5～2 倍。對於超過七成持有自有住宅的花東居民來說，住了數十年的房子還能漲價，並不是壞事，只是苦了想買房子的青年，也讓想要移入花蓮的外地人感到卻步。

交通建設與地方發展，是一個複雜的多面習題，並非「有交通才有發展」。但從發展的角度來看，較早進駐花蓮的人，拜民主開放之賜，逐漸把自己的定位從被迫遷移至花蓮的順民變成「被遺落的一群」，「老花蓮」想要爭權利，爭權利就是要爭交通，這樣的心情被 2001 年初探政治的傅崐萁牢牢掌握住。

「傅崐萁」成為地方政治的標籤

蔡英文在2020年的總統大選以史無前例的817萬高票連任,同時民進黨也在此次的國會選舉第二度過半。然而山的另一頭,卻有著截然不同的結局。在國民黨總統候選人韓國瑜的崛起過程中,扮演重要推手的「花蓮王」傅崐萁,甫出獄不到九個月,就以無黨籍的身分拿下6.4萬票、得票率45.97%,打敗國民黨正式提名的黃啟嘉(1.7萬、12.56%)與爭取連任的蕭美琴(5.6萬、40.53%),順利當選立委。

傅崐萁的妻子徐榛蔚從2018年起擔任花蓮縣長,2022年連任成功,如今夫妻兩人分別擔任花蓮縣最高民意代表與行政機關首長,花蓮政壇從二十一世紀前的閩客共治,如今邁入獨尊一家的局面,而傅崐萁已經成為二十年來花蓮政治的代名詞。

時序回到2000年的總統大選,國民黨陣營的連宋分裂,親民黨因應而生。2001年國會大選,花蓮縣應選兩席,傅崐萁代表親民黨第一次參選立委。由於宋楚瑜過去在省長任內對花蓮的地方建設不遺餘力,可說是少數讓花蓮有感的中央級政治人物,因此傅崐萁的參選被視為對國民黨的強力挑戰。國民黨派出連任立委的鍾利德以及甫卸任花蓮市長的葉耀輝應戰;民進黨則記取前次提名兩人卻因選票不集中而一席未得的經驗,由三屆縣議員盧博基一人出戰。結果傅崐萁在宋省長的加持下成功當選,另一席則由盧

博基拿下，國民黨兩席全滅。

到了 2004 年的立委選舉，國民黨仍沒記取教訓，依舊以基本盤穩固為由，派出前縣長王慶豐的兒子王廷升及縣議會副議長、也是鍾利德家族的鍾逸文再戰（見表 8-1），最後還是因為無法集中選票，讓傅崑萁與盧博基連任成功。

傅崑萁雖以親民黨起家，但親民黨在 2004 年國親聯盟之後，影響力便逐漸下滑。傅崑萁在 2005 年代表親民黨角逐縣長敗給國民黨的謝深山，到了 2008 年就改投靠國民黨，2009 年未獲國民黨提名參選縣長，於是脫黨參選，導致被開除黨籍，沒想到最後打敗國民黨提名的杜麗華以及謝深山支持的無黨籍張志明，成功當選花蓮縣長。

傅崑萁因為兩次定讞的犯罪紀錄，在排黑條款下無法回國民黨，但他仍舊可以運作妻子徐榛蔚在 2016 年擔任國民黨不分區立委。到了 2020 年的立委選舉，傅崑萁甚至以 45.97% 的得票率，打敗得票率僅有 12.56% 的國民黨正式提名候選人黃啟嘉。傅黃兩人超過三成的落差，來自國民黨總統候選人韓國瑜的五虎將多次現身花蓮幫忙造勢，連韓的副總統候選人張善政選前一天還陪伴傅崑萁掃街，最後棄保效應成功發酵，傅崑萁為藍營重新奪回立委席次。

2021 年國民黨啟動「同舟計畫」大幅修正入黨資格，傅崑萁重回

國民黨懷抱。本來，政治屬性搖擺的人不易受到選民青睞，但傅崐萁無論是親民黨、無黨籍還是國民黨，始終打著正藍旗的名號，在鐵板一塊的花蓮與徐榛蔚兩人無往不利，「做完縣長做立委，做完立委做縣長」，十年下來，花蓮的地方政治已經不分黨派，只剩下傅系與反傅系。

威脅、收買、人情三管齊下

據說傅崐萁長於鬥爭，過去十來年曾經與他交手的地方政治人物鮮少打得過他。如有對他不利的新聞報導和網路評論，他也不惜興訟加以對付。獨立媒體報導者曾在 2018 年以〈雙面傅崐萁〉為題進行一系列報導，當時的花蓮縣府（縣長是傅崐萁）動用公帑來提告報導者總編何榮幸等四人。2020 年大選後，PTT 上有人以〈花蓮人有救嗎？〉進行系列回應，縣府（縣長是徐榛蔚）也強硬表態提告網友。

花蓮縣政府的公帑不只拿來興訟，還可以拿來攏絡。2018 年年底爆發了花蓮縣政府在傅崐萁擔任縣長期間收買二十五位地方媒體記者一案，事發之後，多位涉案記者遭任職媒體辭退，監委也針對涉及該案的縣府官員提出彈劾，然而事過境遷，遭彈劾的處長現仍在職。

傅崐萁不是只會花錢，他也非常了解花蓮人的小鎮性格。在花蓮

出生、長大的同齡人，縱使從來不認識，也一定會有共同認識的朋友，這些緊密的人情網絡使得「監督」難以發生。筆者從事地方上的公民運動多年，許多在地方從事政治事務的人都是同學或朋友的父母、家人，每每在對方抱持不同的立場時，迫於無形的壓力而無法討論任何實質的問題。筆者不只一次在討論地方議題的現場被認識的長輩說「好了啦！」，甚至同學間聚會也曾被告知「我媽說不要跟你走得太近、很危險。」

花蓮的工作機會不多，一般人以為觀光業很興盛，但從業人員並沒有想像中的高比例，反倒是傳統的軍公教外，約聘僱人員到外包接公家機關標案的人力，成了很重要的工作機會。常見花蓮人家裡的孩子找不到好工作，家中長輩便去拜託地方上的有力人士，協助在公家找個類似的職缺。

另外，長期的青年人口外流使得新的知識與訊息無法進到社區，超高齡化的社會則使得投票行為單一化（也就是俗稱的「鐵票特別多」）。傅崐萁深諳此道，一上任就不斷施以小惠，無差別地發油發米發鹽，發了十幾年，縱然毫無具體政策可言，但對於這些退休長輩來說，傅崐萁絕對是有史以來讓他們最「有感」的父母官。

傅崐萁到底有哪些政策？

花蓮人是何時覺得自己是三等公民呢？應該就是從傅崐萁在花蓮

政壇崛起之後。談傅崐萁不得不談蘇花高／改，這是他化身花蓮代言人的最具體政策，而且他不斷告訴大家，花蓮人因為缺了一條路所以變成三等公民（直到他執政近十年後，最近的口號才改成二等公民，升了一等）。

傅崐萁在任何場合不斷地喊，代表他非常認真地爭取，如果中央政府不給資源，那就是在欺負花蓮人、阻礙地方、讓花蓮人成為次等公民。連傅崐萁因炒股弊案入獄，都可以被他說成是政府欺負花蓮，這樣的選舉語言並非在選舉時才發生，而是任何時候都在發生。中央不給錢就是歧視花蓮，中央給了錢就是傅崐萁爭取來的，這樣的話術成功烙印在地方民眾心中，導致地方上許多人還以為蘇花改是傅崐萁蓋好的。

這套論述在地方生根，甚至除了公路政策，經濟特效藥也是傅崐萁爭取來的。例如 2008 年馬政府上台後的陸客觀光榮景，讓花蓮的地方經濟對中國產生很大的依賴。但 2016 年蔡政府上台後，中國為了給民進黨政府施壓，減少發給陸客來台簽證。陸客不來，生意就不來，這使得過去嚐到甜頭的地方人士，包括在花蓮市曾經比便利商店還多的紅珊瑚藝品店老闆們，開始跟著傅崐萁仇恨起中央政府。蕭美琴的立委任期一開始，就遭受某些勢力揚言罷免下架，可見 2020 年打下蕭美琴這一仗，早在四年前就開始布樁。

集結保守勢力也是傅崐萁的強項。保守的鄉村民意始終反對同婚

議題，但唯一敢在反同勢力集結的造勢現場，講出「縱使中央過了同婚法案，地方政府也不准」的就是傅崐萁。再看反年改的各種造勢活動，只有花蓮縣是由傅崐萁以縣長身分帶隊出動，他甚至還與金門縣長吳成典聯合提出年改釋憲。傅崐萁以地方首長和民代的身分不斷挑戰中央政府的強勢作為，讓地方上的保守選民感到在他的領導下不會淪為三等公民，有了民意的強力支持，傅崐萁就這樣成了一代強人。

在野勢力要加油，公民社會要打拚

2022 年的九合一大選中，在花蓮長年在野的民進黨派出阿美族人、前總統府發言人 Kolas 出馬，對戰尋求連任的傅崐萁妻子徐榛蔚。這是徐榛蔚第三次競選縣長（第一次是在 2014 年和傅崐萁同時參選縣長，當時傅崐萁擔心司法定讞時間會在競選時，所以一次買了雙保險，若司法定讞被關，還可以打中央政府操作司法迫害，保送同時競選的徐榛蔚上壘）。

雖然 2020 年傅崐萁重回立委之路有些顛簸，但 2022 年的選戰幾乎沒有懸念，徐榛蔚再次搶下超過六成的選票成功連任。首次派出原住民在花蓮競選縣長的民進黨，僅在過往非常弱勢的原民鄉鎮成長了近 10%，但 Kolas 在原鄉的得票率仍不及她在整體的平均得票率。對於偶爾才有突破的民進黨來說，若沒有人才留下來繼續經營花蓮，或是從在地尋找適當的人選，那麼始終難與傅崐

177

其家族抗衡。

另一方面，國民黨內部因為傅家卡住重要位置，再加上傅崐萁善於清算沒有挺他的國民黨勢力，使得非傅派逐漸形成在野黨的氣質，例如2020年代表國民黨與傅崐萁對戰的黃啟嘉，競選布條上就直接寫著「勇敢拒絕花蓮王一次」。2022年的議員選戰中，國民黨內的反傅派議員都順利連任，之後又經兩輪投票，成功保住了2018年與傅崐萁不同派的議長張峻，未來是否能夠繼續發揮制衡傅派的力量，仍有待觀察。

從1992年的反水泥東移遊行開始，東部的地方公民團體反而是在公共議題這塊領域從不退縮的一群。這些人過往也曾試圖透過選舉來影響地方政治，無論是鐘寶珠代表綠黨選過立委和議員，還是齊淑英代表綠黨選過縣長，但始終無法成為主流。2014年社福背景出身的楊華美代表公民團體參選縣議員，最後以落選頭惜敗，但已獲得讚賞與關注。2018年再戰議員的楊華美，以「新花蓮，美一天」為口號，獲得四千多票，成功進軍縣議會，又在2022年以選區第三名高票連任，成為混沌的地方政治當中一股令人欣喜的清流。民眾對「新」有期待，這股清流能否持續流下去，甚至質變產生量變，值得花蓮人期待。

經歷多批移民組成的花蓮人，正隨著時間逐漸長出自己的面貌。日出東方，在近年快速變化的國際地緣政治及後疫情時代下，過

往因為交通不便讓發展遲緩但也保留自然的花蓮，在「網路取代馬路」的今日，有更多的潛力迎向世界；而緩步變化的地方政治，能否因陽光逐漸照亮，後山轉變成前山，尋找出突破家族政治泥淖的可能，都待公民社會的努力。

島嶼之東，希望之始，改變正在發生。

第 9 章

軍港、甲頭、觀光賭場：不同於本島與金馬的澎湖地方派系

｜何欣潔、呂伊庭｜

/作者簡介/

何欣潔，1985年生，澎湖人，現居台北。台大法律系學士，台大城鄉所碩士，求學期間曾參與樂生保留運動與數個農村運動。曾任今周刊記者、彭博商業週刊駐台特約記者、端傳媒台灣組主編。2022年與呂伊庭共同創辦「澎湖海鮮皇族」，推廣澎湖物產與文化；2023年成立「離島出版有限公司」，出版世界離島相關內容與文化產品。

呂伊庭，新北市出生長大，老家在澎湖。中正大學政治系、交通大學社文所。大學時是中正牧夫們社社員，參與校園學權運動、調查學區周邊勞權薪資地圖。畢業後在社會民主黨參與輔選工作，後投入環保運動，先後在綠色公民行動聯盟及立委洪申翰國會辦公室工作。現與澎湖鄉親何欣潔共同創辦「澎湖海鮮皇族」，致力於推廣澎湖學、海洋教育工作。

前言

澎湖的地方政治史有其獨特性，不但不同於台灣，也不同於經歷了戰地政務的金門與馬祖。總體而言，這個位於台灣海峽中線，半世紀來以「外婆的澎湖灣」這樣甜蜜輕鬆的面貌示人、攬客的島嶼，其實是一個不折不扣的「軍港」，而身為軍港的歷史，也深度影響了澎湖的選舉歷史與今日的地方政治樣態。

與台灣本島有許多歷史悠久的農業開墾聚落不同，澎湖自元代設巡檢司以來，發展動力一直都是作為軍事據點而展開，而非源自於農漁業或商業貿易。作為澎湖首府的馬公更是如此，無論是哪一個國家或政權，都是看重它可自中國東南沿海控制台灣海峽、進攻台灣的特性，而於此駐紮建設，讓舊名「媽宮」的馬公城，在歷經變遷之後，成為軍事、行政與經濟三合一的中心。

明清時代的澎湖，常駐人口並不多，逐漸發展成今日的規模，便是起因於清代中葉開始採取的「班兵制度」。清代自康熙一朝施琅攻克鄭氏後，體認到澎湖的戰略重要性，於是在澎湖設立軍營。為了避免形成地方割據之勢，兵源並不自本地召募，而是自福建輪調，三年換防一次，稱為班兵。

當時的班兵人數高達兩千人，而根據現有史料推估，[1] 全澎湖群島的居民最多也不超過五千人，甚至可能僅有三千人左右。可以說

當時的馬公城，是以班兵為主要的常住人口。及至道光年間，清朝國力衰弱，三年一調的制度已經無法維持，班兵便留在澎湖結婚、生子，馬公也成為一個商業機能越來越發達的港都，「台廈郊」等商會組織蓬勃發展。

到了日治時期，這些以班兵後代為主力的馬公居民，成為殖民者合作的重要對象，他們多出任保甲書記等職位，協助基層治理工作。後來日本政府為了推動南進政策，將澎湖、基隆與高雄同列為三大要塞，建築各項軍事設施，布下重兵，讓澎湖DNA當中原本就有的軍事色彩更是強化，形成「強軍公教、（與台灣本島相較之下）弱農漁牧」的特異結構。

1945年，日本殖民統治結束，澎湖隨著台灣進入中華民國統治時期。1949年，中央政府敗戰遷至台北，澎湖再次擔綱起「半前線」（台師大教授陳玉箴語）的角色，成為金門、馬祖與台灣之間的後援補給站，也是蔣介石政權反攻大陸的重要基地之一。1958年，兩岸政權在金門爆發八二三砲戰後，澎湖的此一地位更加確立。

要了解戰後澎湖地方自治與選舉歷史，就要知道今日澎湖人，尤其是馬公市區的居民，主要是由班兵的後代所組成。他們當中的

---

1 中央研究院民族學研究所，專刊乙種第十九號，媽宮的寺廟，馬公市鎮發展與民間宗教變遷之研究，余光弘，中華民國七十七年十月。

一部分人士，在戰後成為澎湖本土的統治階層；餘下並未參與政治的市民，則因襲祖先的謀生之路，出任軍公教人員。此一龐大且團結的軍公教群體，甚至在2009年的賭場公投中發揮了扭轉戰局的關鍵角色，改寫了澎湖政局。詳情如何，此處暫且按下不表，容後再述。

長期研究澎湖地方自治的澎湖科技大學教授蔡明惠便分析，澎湖這一作為軍事基地的背景，在地方上形成了「以軍領政、文官配合武官」的施政傳統，並延續至戰後地方自治的場域。蔡明惠認為，雖然在解嚴前，整個台灣都或多或少存在「軍方影響地方政治生態」的現象，「但是，卻沒有任何一個台灣本島的縣（市）像澎湖一樣，因為歷史發展過程以及地理區位結構的因素，而受到軍方如此深遠的影響。」[2]

戰後：軍方的影子，盤旋在澎湖縣政府上空

自1946年開始，澎湖與台灣省其他縣市一樣，按照《臺灣省各縣市實施地方自治綱要》規定，成立各級民意機關，但因其重要的軍事地位，自1946年至1951年間，縣長與鄉鎮長仍由官派產生。根據蔡明惠研究，六任的官派縣長以及第一至第六屆民選縣長，

---

2 蔡明惠，2005，戰後澎湖地方政治生態之變遷，國立中山大學中山學術研究所博士論文。以下引用蔡明惠研究的出處同註2。

「亦均為軍人出身或曾任軍職的外省籍人士獲得當選，此為他縣市所無」。

不過，也有地方人士對此一說法稍有異議。以首任民選澎湖縣長呂安德為例，他是澎湖本地家族出身，並非外省籍；本職也是建築師，並非軍人。呂只是分別在日本殖民統治末期與中華民國政府統治初期，短期出任日本台灣軍經理部澎湖島設施中隊長（1945年）、馬公要塞司令部技正（1948年，於1950年就改任縣府建設科科長），接下來也多從事建築專業工作，不能據此就說他是軍方背景。

但是，從履歷來看，呂安德「曾任軍職」依然是不爭的事實。由於澎湖的要塞地位，在二戰末期至戰後初期，絕大多數的澎湖地方仕紳或多或少都曾經被納入軍方系統，協助維護地方秩序。除了呂安德之外，其餘的縣長多由澎湖防衛司令部（下稱澎防部）舉薦，即便認定呂安德不算軍方人馬，但駐軍對澎湖地方自治的影響，是毫無疑問的。

澎湖雖然沒有像金門跟馬祖一樣，實施長達36年的戰地政務，但澎防部的司令官也同金、馬一樣，位階高於縣長，是當地最高的指揮官。在兩岸軍事對峙、熱戰不斷的時期，軍方對澎湖社會的掌控力始終相當強勢。大量的駐軍人口，既是民間商家主要的經濟來源，也是澎防部用來管制民眾參政的好工具。澎湖知名的地

方仕紳許整景在第二屆縣長選舉中的遭遇，可以說明軍方對澎湖地方自治的壓制與扼殺力道。

1954年，第二屆澎湖縣長選舉即將登場。除了尋求連任的李玉林之外，出身白沙瓦硐許氏望族的許整景，也是有意競逐大位的人選之一。

許整景的父親許有傳從事土木業，在許整景小時便將他送至台南就學，一路自台北高等學校、京都帝國大學醫學部畢業，於1943年回到澎湖，在馬公開設醫院，據說開業當時，醫院「設備新穎，患者踵至，頗有聲譽」。到了戰後，許整景被延攬出任馬公要塞司令部軍醫室主任，官拜中校，協助政府接收日軍醫藥器材；後被地方推舉，陸續擔任縣參議員、兵役協會主任委員、澎湖縣醫師公會理事長等職位，頗孚眾望。雖然在1947年二二八事件後，因出任澎湖二二八事件處理委員會主委，遭到指控為「危險分子」，一度離開澎湖、前往高雄開業，不過在鄉親支持下，仍有意返回澎湖參選。

沒想到，依法行使參政權、角逐縣長大位的決定，竟成了許整景與故鄉白沙的共同惡夢。根據蔡明惠記錄許整景對競選過程的回憶：

（許整景的）助選員出門去幫我助選時，軍方稱戒嚴而不准前

往，我坐的宣傳車也以戒嚴為由不准我進入。……當時我的
故鄉白沙，由當地駐軍每戶敲門警告他們若選區開出許某人
的票，則不准漁船出入。

最後，得到軍方支持的李玉林，在地方質疑作票的情形下，順利
當選。許整景則不再競選縣長，接下來三十餘年，也沒有澎湖本
地出身的政治人物投入縣長選戰。

值得一提的是，在國防需求形成的海禁政策下，以「是否准許漁
民出海」作為管控地方的手段，同樣可見於金門與馬祖。金門與
馬祖的民眾，在戰地政務時期，只要違反軍方相關規定（例如宵
禁後仍在外出入等），也會遭遇同樣的懲罰，即不准犯規者出海，
甚至不准到海灘上採蚵，嚴重影響以海維生的漁民生計。在此一
背景下，多數民眾選擇服從軍方命令、仕紳也無意再「妄想」參選
縣長，是很合理的結果。

再者，就算當年仍有勇者願意出來參選，撇除恐嚇、作票等情事
不提，在「公平自由」的前提下所進行的選舉，大約也很難擊敗軍
方屬意的候選人。因為當年軍方在澎湖有極強的動員力，占澎湖
人口相當大的比例。蔡明惠曾以1947年舉行的澎湖縣第三屆縣長
選舉為例：全縣公民投票 33,206 票，投票率達83.26%，粗估具有
選舉權的公民數約為39,882人；當中外省籍移民有6,297人，多數
是軍公教人員，約占選民總數的15～16%左右，「尤其在（透過軍

公教系統）高度動員的情況下，對選舉實際投票數的影響力甚至可達到18～19%」。

因此，在澎湖的地方政治中，「僅能以省議員，縣議員及其議長的選舉，作為競逐有限的政經資源利益的場域，而一直無法穿透到行政部門，顯見在戰後台灣威權統治時期的澎湖，仍難脫軍政統理的影子」，這是蔡明惠的結論，也得到許多地方人士的認同。

此一時期所形成的軍公教系統，在澎湖的影響力一直持續到二十世紀末都未曾稍減。因為澎湖自1960年代開始，就慢慢因為台灣經濟起飛、本地漁產枯竭、缺乏工商業就業機會、冬季氣候惡劣等因素，開始人口外流。但因澎湖的軍事要衝地位一直未曾改變，導致從事公共行政的人口比例一直偏高，甚至一度位居台灣各縣市首位，可說是澎湖選民結構的特色。

相對貧瘠的本地產業、不斷外移的人口，普遍被認為對地方派系資源的取得與分配、社會關係的動員與維持，形成了不利的條件。這讓澎湖的地方選舉，有濃厚的「決戰境外」色彩，其中最有動員能力的便是各村莊的旅高（雄）同鄉會。

當然，澎湖本地還是有堅實的在地勢力與社會網絡。澎湖的聚落以各鄉庄為界，透過不同的祭祀圈進行「交陪」，自馬公市區到各大村莊都有「甲頭」組織，在廟宇慶典時同心協力、遭遇困難時相

互幫助，當然也會在起衝突時排除異己。不同地區的基層政治人物甚至會結拜為異姓兄弟姊妹，互相壯大彼此的政治勢力。

或許這樣的現象，在台灣亦十分常見，但與台灣不同的是，澎湖作為一個島嶼，天然在地理上形成孤絕之勢，一旦日落天黑，末班飛機離開澎湖，此地就宛如一個獨立的小王國。受到此一空間帶來的身體感覺所影響，澎湖人彼此之間的團結、互助與緊密交流，或許不是台灣本島居民所可以體會，這同樣也是構成澎湖政治人物民意基礎的關鍵要素。

要理解澎湖地方政治，幾個與台灣本島不同的前提，亦必須納入考量。其一是，農會在澎湖的地方勢力不如漁會，雖然曾經一度在地方政治舞台上有角色，但終究因本地農業的積弱而慢慢消逝。目前的澎湖縣農會，與台灣本島不同，僅有「縣」一級，而「鄉」一級已被合併入縣農會，可見經營之困難。與之相對的，漁會選舉就是兵家必爭之地，這亦在情理之中。

另一個特別的現象，是與漁業生產相關的地方組織也會影響到澎湖的選舉。例如可以決定澎湖特產紫菜的採收權歸誰的宮廟。

澎湖群島最重要的紫菜產地在白沙鄉，採收區則位於赤崁村外海的無人島姑婆嶼，每年冬季北風起後，便是紫菜的採收旺季。在古早時期，經過一段海上漁權爭霸的歷程後，這些每斤可賣出將近

1,000元台幣高價的紫菜採收權歸赤崁村所有。運作此一採收模式的權力中心是當地廟宇「龍德宮」，龍德宮扮演維護秩序的角色，在龍德宮的主持下，赤崁村以每戶「丁口」（男丁為限）來分配採收權，同時發放採收證，必須憑證才能登島採收紫菜。

此一由「紫菜經濟」所組成、擴散的人際網絡，成為赤崁村重要的選舉動員基礎。只要此一經濟圈決議支持的人選，就會獲得村民的團結響應。白沙鄉歷任鄉長多由赤崁村人出任，在澎湖地方上已經不是新聞。除了赤崁村人口眾多之外，由「龍德宮—紫菜」所驅動的動員系統，是不可或缺的關鍵要素。

關於澎湖選舉生態的另一公案，就是澎湖到底有沒有「派系」。在長期軍管、人口外移的大背景下，地方派系的力量長期來說較本島為弱，有人甚至直接斷言，澎湖是一個「沒有派系」的縣，直到2000年後崛起的林炳坤帶領「霖派」進入公眾視野，方才改寫此一敘事。

不過，在「霖派」出現之前，澎湖是否真的沒有地方派系可言呢？根據蔡明惠的考證，澎湖在戰後初期，確實出現過「南派」與「北派」以及「東（許）派」與「西（藍）派」等不同政治勢力對決的場景。總體而言，無論南北派的政治人物，均曾在日治時期擔任過台籍警察、保甲人員或街庄役場等基層軍公職，雖然在戰後的選舉當中無法取得縣長大位，但仍在省議員等職位上進行宗族與地

方勢力的動員與經濟交換。到了 1970 年代後期，派系開始式微，進入多元並立的階段，就沒有定於一尊的霸主了。

第一次政黨輪替：高植澎的奇蹟與陰影

奇蹟的是，雖然歷經了漫長的軍管時期，但澎湖的第一次「政黨輪替」發生得並不算太晚，1993 年的縣長補選，由出身北派高順賢家族的子弟高植澎醫師寫下了歷史。

高植澎，出生於 1954 年，澎湖縣馬公市人，經保送制度進入台北醫學院就讀，退伍後返鄉服務。高植澎服務的足跡遍及各大小離島，如望安、七美、虎井、西嶼等地，在七美服務時加入民進黨，進而參與國大代表選舉，成為踏入政壇的第一步。

像高植澎這樣的醫師，在澎湖的政壇上一直有著左右戰局的能力。曾經在 1950 年代軍政時期挑戰縣長大位的許整景，同樣也是因其菁英醫師的身分，獲得鄉親的認同與支持而踏入政壇。高植澎雖是因保送醫學院，規定畢業後必須接受調派、返鄉至各偏遠離島服務，但他與各小島的患者關係密切，親和力十足的作風一直到今日都有患者感念在心。曾在澎湖各島行醫的經歷，無疑是高植澎創下「離島變天」紀錄的重要基礎。

1992 年底，時任縣長的王乾同在官邸病逝，依法必須舉行補選。

國民黨派出曾任議長的鄭永發應戰，民進黨則讓高植澎披掛上陣。由於這場意外的補選是當時「全台唯一一場選舉」，又逢立法院休會期間，兩黨政治菁英無不全力投入輔選，選情十分緊繃。高植澎團隊打著「只剩九個月，換民進黨做做看！」的口號，走遍大街小巷，童叟皆知。高又推出「當選發放老人年金3000元」的政見，打動了不少鄉親。這場在冬天的寒風裡熱鬧滾滾的選戰，至今仍是澎湖政治史上的經典之作。

1993年3月，高植澎擊敗鄭永發，成為首任民進黨籍的澎湖縣長，創下澎湖政黨輪替新頁。九個月過後的年底縣市長選舉，高植澎再次當選，本應順利展開他的四年縣長任期，然而接下來發生的事，卻是所有澎湖人未曾料想過的。

1995年，有議員在質詢時，指高植澎在1992年至1993年擔任西嶼衛生所主任期間，接受了藥商捐贈衛生所5,000元尾牙獎金。時任法務部長的馬英九要求嚴辦，澎湖地檢署檢察長黃世銘調查後，以貪汙罪方向進行偵辦。

偵查過程中，高植澎在衛生所的病歷均被當成證物查扣，檢方指稱當中有筆跡不符、核對不完整，據此視為偽造看診紀錄、詐領相關費用的證據，並以貪汙罪名起訴高植澎，高因此遭到停職。當時與高植澎同事的七位護士也一併遭到起訴，其中一位護士因精神壓力過大而自殺、另一位因癌症復發離世，咸認是與漫長而

折磨人的訴訟過程有關。

後經法院審理，判決貪汙部分無罪定讞，唯有數張病歷確實是並未親自看診、以電話開立藥方，遂以偽造文書判決一年兩個月緩刑，可見法官認定犯行並不算嚴重。然而史上第一位民進黨籍縣長早已被迫提前結束任期，且因過程連累無辜護士，在澎湖引起巨大的寒蟬效應。

往後數年，許多人都以此告誡子弟「不要碰政治」，甚至最好遠離有意參政的親友，否則會如「高植澎小護士」一樣被牽連喪生。在解除戒嚴沒有多久，正當澎湖民眾對參政躍躍欲試的時候，高植澎案無疑給了大家一記重棍，當時產生的陰影至今仍然沒有完全消散。

此後，高植澎退出政壇好長一段時間，在馬公郊區行醫。直到2002年復出參選縣議員，仍順利當選，成為當時澎湖縣唯一一位民進黨籍議員。2004年，高植澎進一步挑戰立委大位，卻敗給當時已連任兩屆、正在往「澎湖王」之路邁進的林炳坤。此後至今，未再擔任公職。

接下來的澎湖縣長，自1997年至2014年，均由國民黨人士出任。1997年至2005年主政的，是後來在2018年「二進宮」、民意基礎堅實的賴峰偉；2005年到2014年，則是由1992年任內病逝、觸發

「高植澎補選獲勝事件」的縣長王乾同胞弟王乾發當選。對於澎湖人來說，兩人都是平穩安定的選擇，高植澎當選時，島上翻騰「換人做做看」的狂飆意氣，此時已成往事。

澎湖王的賭場夢，止於媽宮城的「軍公教」高牆

在高植澎復出競選立委的路上，最後把他給擊敗的對手林炳坤，可以在澎湖地方政治史記上兩筆：一是他後來創下連五任立委的紀錄，被稱為「澎湖政壇教父」或「澎湖王」；二是他在任內大力推動賭場公投，不但讓澎湖成為全國矚目的焦點，更連動金門、馬祖的賭場公投案，讓「離島賭場」話題持續延燒了十餘年之久。

林炳坤與高植澎的職業生涯，可以說是「澎湖子弟」的兩種經典發展路徑：前者自祖父一輩開始便從事營造業，在接手其父創立的「東南水泥」等多間營造公司後，生意有成、廣結善緣，進而返鄉參選；後者則以保送入學制度獲得醫師資格，在離島醫療資源貧瘠的背景下，以小鎮醫師的身分作為節點，獲得鄉親的信賴與支持。

營造業者在澎湖是地方政治的關鍵角色。離島建房不易，幾乎多數原料都需由本島運來，成本高昂，本地工班人數又有限，僧（想蓋房子的人）多粥（能蓋房子的人）少。許多政治家族均有營造業背景，例如前任副議長陳雙全，經營皓仁混凝土廠；又如「議長

六連霸」的現任議長劉陳昭玲，[3] 夫婿劉崇保是長勇營造、泰永企業行（建材批發）的負責人。

說回林炳坤。在1990年代，林炳坤在台灣政壇上有「金牛」之稱，意味負面，甚至讓他接受遠見雜誌專訪，特別不服氣地澄清「憑哪一點說我是金牛？」在專訪中，林炳坤指：

> 二十多年來我只注重交朋友，我是活在朋友中間的人。坦白說我對事業並不熱中，營造事業從我爺爺就開始了，我只是繼承我父親的事業。賺錢不重要，但我賺很多朋友。

> 在全省營造業裡，我可以算好幾百名以外，營業額一年不超過五億；另外有一個家具公司，不超過一億；還有一個顧問公司，也不過幾千萬。

> 我贏的是人脈，只要我阿坤想出來選舉，所有朋友十萬、一百萬、兩百萬、五百萬給的人太多了，這是無底洞；我的口袋是開的，多少人要投進來我不知道，這才是可怕的。

> 他提茶葉去拜訪，我想澎湖人喝茶，我就買電磁爐去送，才

---

3 劉陳昭玲於2023年3月13日遭人檢舉索賄，檢調搜索後認定有串供、逃亡之虞，經澎湖地方法院裁定羈押禁見，7月4日檢方提起公訴，劉陳昭玲與機要秘書因坦承收賄，已無羈押必要，以一千萬元交保。

多個幾十萬而已，說我花好幾百萬根本是在害我。我有發票啊！「尚朋堂」開給我多少發票，可以去查。你買一百塊的花，我買五百塊的水果，買水果是金牛，買花就不是？去拜訪要空手去嗎？不可能。

今天我覺得還沒有必要去澄清，澎湖地方小，知道就知道，不知道就不知道。大家感覺我人不錯，好「鬥陣」，這比較重要。我到鄉鎮去走，牛仔褲一穿，褲管一捲，酒一喝，檳榔一咬，我是這款的人。澎湖人少，好熟識，我的步驟就是走入基層，讓選民認同我，謠言就不攻自破。

在這篇盡現林炳坤豪爽建商本色的專訪最後，面對記者提問「你希望財團進入澎湖嗎？」林炳坤肯定地回答：

澎湖這麼窮的地方需要外來的投資，這對澎湖是百分之百有利的，可以造就很多就業機會。資金投進來地方才能繁榮，這種鳥不生蛋的地方，靠什麼？就是要靠外來的人。但是如果澎湖沒有好的投資環境，財團再一百年也不會來，除了我們這些想回饋的傻鄉親。

對於林炳坤來說，賭場，就是一個「帶來外來投資、就業機會」的絕佳方案。1993年，澎湖成立第一個促賭團體，當年每位居民的信箱裡，都收過不只一張「支持成立賭場」、「給澎湖一個機會」的

促賭傳單，是否該成立賭場，成為地方熱議的話題。當中推動最力的要角，無疑就是當時剛剛當選立委的林炳坤。

2003 年 12 月，在居民的熱議中，澎湖縣政府依法主導了一場「諮詢性質」的博弈公投，投票率兩成，贊成方小勝過反方兩千票。值得一提的是，這是台灣第一個依《博弈諮詢性投票自治條例》舉行的諮詢性公投，當時甚至連後來常常左右選戰的《公民投票法》都尚未通過。澎湖的賭場爭議，可以說在台灣地方自治史上留下一筆重要的紀錄。

雖然投票率不足兩成，但正方大於反方的結果，讓賭場前景一片看好，投資案不斷加溫。到了 2009 年，澎湖依法舉辦第一次有效力的博弈公投時，已購買土地、等待公投過關便開跑的大型投資案，超過三處以上。澎湖地價飆漲，連傳統墳墓區、濱海荒地都有人願意出手購買，原本被看好作為賭場預定地的後寮村，地價甚至上漲了一倍以上。

但在公投前夕，自清代開港以來便是馬公市區核心成員的軍公教階層，開始發揮他們的「實力」，堅決拒絕賭場資本的進入。對於軍公教階層來說，澎湖的經濟發展是否暢旺，未必能直接影響到他們的生計；但萬一賭場通過，治安可能急速敗壞的風險，將會讓他們的生活水準大幅下降。

在林炳坤眼中「這麼窮、鳥不生蛋」的澎湖，在公教人員心目中是「路不拾遺、夜不閉戶」的好地方，即便薪水不高，但生活卻平穩安定。再者，自有清以來到中華民國台灣的治理系統中，小島的軍公教階層，一如中國的鄉紳階級，對鄉民負有道德教化責任。許多人是真心相信「賭博敗壞道德風俗」，是他們應該起身力抗的對象。

最後投票結果，反賭方以56.44％得票率小勝，順利否決賭場。馬公市區居民投下高比例的反對票，是重要的關鍵。由高雄—澎湖營造業大亨推出的「經濟發展計畫」，輸給了馬公城內由四百年軍政系統所養育的基層公教人員群體。

公投失利讓林炳坤受到重擊，被地方視為對他的不信任投票。2012年，由非核心區域西嶼鄉出身的民進黨候選人楊曜，以「反賭」為主要號召，擊敗林炳坤，當選立委，成為澎湖史上第一位民進黨籍立委。兩年後，民進黨籍的陳光復也順利當選縣長，澎湖成為民進黨唯一同時掌有縣長、立委職位的離島。

2016年，林炳坤力圖振作，以無黨團結聯盟身分再度參選，並在同一年醞釀第二次澎湖賭場公投。林炳坤最後未能當選，楊曜順利連任；澎湖賭場再次闖關，只是早已不復當年盛景，僅有一家美國集團提出開發案。最終，與第一次的激烈拉鋸有別，高達八成澎湖縣民對賭場投下反對票，二次「絕殺」賭場提案，促賭團體

宣布放棄、不再提出相關議案。林炳坤也慢慢退出政壇，淡出公眾視野。

後記：賭場之後，花火青春

2022年的澎湖選舉，基本上仍是由政壇的資深風雲人物所構成的戰局。

當年在高植澎案後，連續當選兩屆縣長的賴峰偉，在2018年擊敗陳光復，第二次當選縣長，本屆持續獲得國民黨提名，欲爭取連任；一度爭取民進黨澎湖縣長提名的縣議員陳慧玲，由於與高植澎有過恩怨，高植澎公開宣布「如果黨提名陳慧玲，我就出來競選」，最終，民進黨也選擇提名「老縣長」、在反賭公投餘波中當選的陳光復出馬，與賴峰偉二度交手；在「反賭」聲浪中擊敗林炳坤當選的楊曜，原本一度被視為縣長熱門人選，但最後仍選擇挑戰連任立委。

最後的結果是：陳光復打敗賴峰偉，重新拿下縣長寶座，楊曜也順利連任，澎湖再一次成為縣長和立委都是民進黨籍的離島。

但在看似沒有新面孔的選戰下，澎湖的結構已經慢慢起了變化。自2000年開始，澎湖的人口便在中央政策的輔助下有緩慢回流之勢。2003年開始的澎湖花火節，更為本地帶來穩定的觀光客群與

商機，馬公市區的人口數逐年穩定上升，不但有澎湖青年返鄉的小浪潮，甚至出現自台灣移入澎湖的年輕「新移民」群體。

這些新移民，有些是澎湖科技大學的學生、有些是迷上澎湖自然環境的海洋愛好者、有些是看好澎湖觀光前景而在此就業或創業的青年。馬公市區開始出現小坪數的租屋物件與建案，給單身租客的投幣式洗衣店更如雨後春筍般出現在大街小巷，在在都標誌著這座古老島嶼的新變化。

賭場公投雖未過關，但仍有一些大型的投資與開發案留了下來，切切實實地促進了澎湖的經濟發展。市區知名的臨港五星級酒店「福朋喜來登」便是其中之一。

出身澎湖的佳朋開發副董事長張翔閎，雖然中學時就隨父母遷居高雄、在北部經商，但他還是跟許多澎湖人一樣，對故鄉有份特殊感情。2003年，澎湖花火節初登場時，張翔閎是贊助商之一。在接受《今周刊》專訪時，張翔閎說，他在當時起心動念，想，澎湖有這麼豐富的觀光資源，為何沒有一家高檔的五星級酒店可以留住高端旅客？這成為他後來投資福朋喜來登的契機。

2006年，賭場公投正火熱，張翔閎以第三漁港（今福朋喜來登正對面）BOT案為契機，與朋友集資開始建造福朋喜來登。未料，2009年賭場公投未過，引發股東撤資，當時剛剛蓋到地下室的福

朋喜來登一度停工。不過張翔閎並未收手，而是引進旺旺集團參股，最後蓋起澎湖第一間五星級酒店。

此後，澎湖高級酒店進入戰國時代。昇恒昌集團在喜來登的斜對面亦蓋起了星級酒店，結合免稅商店與豪華影城，無疑是給澎湖觀光客與本地人都帶來了一次消費升級的體驗。這也是馬公市區人口止住流失、逐漸回升的重要原因之一。

如無意外，待這一批「移民潮」與「花火節紅利」持續發酵，不但將改寫小島「鳥不生蛋」的命格，未來二十年內，澎湖的投票意向，也將在新的人口結構與社會風氣下，變得更加難以預測。

第 **10** 章 ──────────────────────

「威權遺緒」？民主化視角下的地方政治敘事及其反思

────────────────── │ 程天佑 │

/作者簡介/

程天佑，屏東人，清大社會所碩士，興趣是讀序與謝誌，現爲自由接案攝影師。

前言

在民主化運動的進程中，為了對抗威權統治的意識形態霸權，行動者們構建了一套與之相對的民主政治論述，這套論述旨在呈現出與統治者不同的民主理解、揭露威權統治結構，並藉此爭取民眾對運動的支持。最終，民主化運動贏得了勝利，不僅是在制度改革以及權力競爭有所收穫，運動參與者們的論述也同時成為解釋正統，影響了後人理解這項政治變革的歷史，甚至民主政治的方式。

此前，地方選舉不僅是街頭運動之外常民唯一可能親自參與其中的政治活動，還是民主化運動的參與者和威權統治者交鋒對抗的前線戰場。因為這樣的特殊性，地方選舉自然也不會在民主化論述中缺席。這些論述由黨外行動者投身選舉的困境出發，透過揭露威權統治的結構與手段來凸顯選舉的不公義本質，並藉此證明了政權的正當性問題。這些論述被一併打包在民主化論述中，在經過同樣秉承此觀點的 90 年代地方政治研究於理論及證據的反覆加強後，最終成為後人認識地方政治運作的教科書式知識。

因為這些知識對我們這輩人來說顯得太理所當然、太過常識，以至於大家似乎都忘了它源自特定歷史時空及行動目標，具有明確的目的及針對性，是用來斬殺國民黨這隻盤據在民主實踐道路上的惡龍的寶劍，但若我們不審慎釐清當前的民主實踐問題，就貿

然繼承了這套論述，這把寶劍可能反過來成為限制我們思索地方政治與民主實踐的思想枷鎖。

指出這點並非試圖張羅出一套誅心之論，論述／研究的動機及視角本身並不能成為評判其價值的依據，筆者想說的是任何著述都不會脫離其所處的社會歷史脈絡，也多少映射出屬於那時代的困局以及行動者的思考，在當時是如此，在當下也是相同。釐清我們繼承了怎樣的思想遺產、它源自怎樣的歷史脈絡，不僅能讓我們更加意識到自己的智識局限，也有助於思考我們現在所身處時代的命題。

在有限的篇幅中，筆者將試著由吳乃德的博士論文為起點，輔以後續的補充性作品，來呈現這套對地方政治的理解如何被逐步構建，而這些對於地方政治的解構及分析又包含怎樣的推論與觀點。最後筆者將試著指出這套觀點的錯誤與不足，並藉此反思認識地方政治運作的另類可能。

論述的起點

要說哪一個作者、哪一部著述，對民主化敘事中關於地方政治論述有最多貢獻、最大影響力，那答案毫無疑問會是吳乃德以及他的 *The Politics of a Regime Patronage System: Mobilization and Control within an Authoritarian Regime* (1987)，[1] 這篇論文可以說

是地方政治乃至整個有關國民黨威權統治的研究領域中最具影響力的著作沒有之一。由此著手，能讓我們最精準有效地認識地方政治論述的構成基礎，以及這套論述在民主化論述中的位置。

這部作品完成在 1987 年，是吳乃德在芝加哥大學政治系的博士論文，以英文書寫，並沒有發表在黨外雜誌這個當時民主政治思辨的主要陣地，甚至這年台灣解嚴、民進黨也創黨滿一年，已經過了論述生產最盛的 80 年代前中期，看似與民主化論述沒有太直接的關聯。但其實吳乃德早在成為一個學者之前，就已經是黨外政治運動的參與者，回顧他早年發表在黨外雜誌的文章，便可以爬梳出他構思這篇博論的思路軌跡。

> 就運動思想而言，舊有的政治號召部分已經完成其歷史使命，部分則對民眾失去新鮮的吸引力。可是新的運動語言仍未出現。黨外仍在苦苦追尋著，賦與其政治號召以新意義的鮮活語言和思想。（吳乃德，1985）

吳在 1985 年一篇對當時黨外雜誌的回顧中指出，[2] 面對統治者掩蓋其不正當性的宣傳話術的升級，黨外雜誌不能再停留於情緒性的

1　本文將其譯為《政權恩庇體制的政治：威權政體內的動員與控制》，以下簡稱《政權恩庇體制》。

2　吳乃德，1985，〈黨外雜誌的健康檢查─檢討一九八四、一九八五年的黨外雜誌〉，《第一線論壇》，54-64。

謾罵或政治理念的宣揚，而需要確切掌握關於政治結構變動因果關係的「行動的知識」，才能卸掉統治者的裝扮，揭露其不義的本質。這部完成於兩年後的博士論文，就是吳對上述民主化運動的智識困局所提出的解方，即對於國民黨的威權統治如何可能的結構性分析。

論文的副標「威權政體內的動員與控制」（Mobilization and Control within an Authoritarian Regime）指明了其核心提問，對應到戰後台灣的脈絡中，就是國民黨作為一個外來的威權政權，如何透過動員控制手段，而能夠在陌生的社會獲得相對數量穩定的政治支持並藉此鞏固權力？[3] 答案也就是論文的主標：「政權恩庇體制」（Regime Patronage System），這是對國民黨建構的、以侍從主義邏輯運作起來的一整套動員控制體制的理論化指稱，整部作品呈現的就是這套體制究竟如何開展。

吳乃德指出，威權統治的動員控制手段相當多元，可以是被動地透過暴力壓抑反對者，也可主動地透過意識形態、統合主義來動員人民的支持，後者對一個政權的長期維繫又尤其重要。因為國民黨缺乏具有號召力的意識形態以及統合主義運作的社會／制度條件，使本來就蘊含在國民黨組織傳統中的侍從主義成為了其最

---

3 姚人多，2008，〈政權轉移之治理性：戰後國民黨政權對日治時代保甲制度的承襲與轉化〉，《台灣社會學》，15，47-108。

合時宜的動員手段。透過侍從體制的運作，國民黨得以在台灣有限開放的選舉中贏得大多數席次，並藉此證明其統治的正當性。吳乃德的這一系列推論或許可以如此理解：國民黨得以長期維繫威權統治的主要原因，是他們透過侍從主義，屢次成功地在地方選舉中贏得多數民眾的支持。

在進入到政權恩庇體制的討論之前，我們需要簡單地認識侍從主義（clientelism）。這個概念最早源自於1960年代的人類學者對中南美洲及地中海區域的研究，他們發現這些地方存在著與西方社會不同的人際／權力組成模式，以恩庇主（patron）對侍從者（client）提供物質利益，換取侍從者的政治支持為典型，且兩者之間往往存在社會位階及權力上的差距。這種模式有許多名稱，如patronage、clientelism或patron-client relation，但其實意思都差不多，也時常混用。

吳文引入了這個概念，[4]用來指涉政權獨特的權力運作模式。文中的侍從主義同樣指的是「透過物質利益換取政治支持的特殊主義式政治動員模式」，物質利益可以是實質的一袋米、一瓶醬油，也可以是喬病床、喬工作等服務，所以「選民服務」也算是一種利益交換關係。除此之外，這種動員模式在台灣的運作還有兩項特徵，

4　吳乃德並不是第一個用侍從主義的概念來討論戰後台灣地方政治動員的人，Arthur J. Lerman在1972年的博士論文就已經提到，但該論文並沒有得到廣泛的引用及關注。

其一它根植於政權，由國民黨有意組織施行；其二是個體化，不同於統合主義以各社會階層／部門（如勞工、公務員、醫生）為管道，侍從主義的運作不存在（或甚至有意消解）群類團體，使公眾議題被降解成個人問題。這個概念的引入對國民黨威權統治研究的影響深遠，啟發了後續無數作品嘗試套用它來理解國民黨在其他各個部門的運作，或成為國民黨威權統治模式的代稱。

當政權越來越依賴侍從主義來組構其權力，並逐步體制化成為威權統治結構的主要動員／控制機制時，這種治理體制即是政權恩庇體制（Regime Patronage System）。這套體制分做兩個部分，分別是官僚侍從主義（Bureaucratic Clientelism）以及選舉侍從主義（Electoral Clientelism），兩者在政權恩庇體制中的功能基本相同，都是透過侍從主義來進行選舉動員，差別只在於前者是國民黨的直轄機關及隨附組織，後者則指與國民黨建立聯盟關係的地方政治菁英。

吳以民眾服務站及救國團為例來說明官僚侍從主義。民眾服務站是國民黨的各區域黨部，其運作與普通地方民代的選民服務基本相同；救國團則嘗試將服務模式多元化、娛樂化，發展出各種旅遊團及才藝、專長班，藉此組織青壯年對黨的支持。然而，吳文自己承認，民眾服務站與地方政治人物在職能上有所衝突，使得動員能力十分有限；另一方面，將救國團的有償服務視為侍從主義的解釋，其實不太有說服力。結果是，官僚侍從主義這部分的

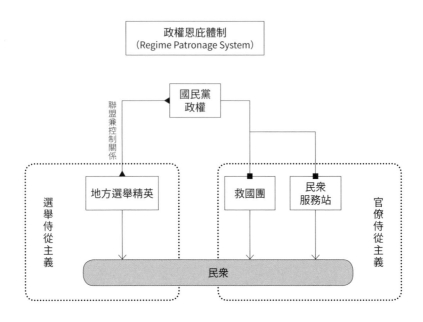

分析並不為多數人所接受，後輩作品中也少有提及。

這篇博論真正被大家所熟知，並對後輩理解地方政治運作模式的根源、性質及組成有深遠影響的，是其對選舉侍從主義的討論。在這部作品中，吳乃德詳盡說明選舉侍從主義得以存在的（一）前提條件：包括本土社會與外來政權的歷史機遇、國民黨對地方政治組成的改造；（二）威權統治下的政治權力結構：中央地方的二元分段，以及兩者的結盟兼控制關係，最後則是（三）選舉侍從主義，也就是地方派系的運作：包含人事及資源組成、政治動員的實際運作方式等。

一、前提條件

國民黨政權與本土政治菁英的權力關係以二二八事件為界，分成兩個不同的時期。

從國民黨接收台灣到二二八事件發生前，一方面由於中國的內戰仍處於膠著的狀態，國民黨政權需要透過施行選舉來彰顯自身的民主意識形態，另一方面為了要避免從台灣向大陸輸送物資造成台灣民眾反彈，國民黨也需要分享權力來攏絡本土政治菁英，並依靠他們來安撫民眾。總的來說，這個時期因為可能的策略或能力考量，國民黨對選舉的態度基本是完全放任，參選者也是延續自日治時期的本土政治菁英階層。

二二八事件發生後，國民黨意識到放權予本土政治菁英對其政權帶來的威脅，開始大肆進行搜捕與屠殺，餘下的本土精英也紛紛退出政壇，等到接下來1950～51年的選舉，就由另一批過去沒有政治經驗的新人替補了空缺的位置，台灣的本土政治階層延續便在此時出現了斷層。此後，新的地方政治菁英階層開始逐步成形，他們在社會階層上與過去的政治菁英沒太大不同，都是地主與都市資產階級的後裔，但隨著台灣社會的現代化發展，地主、仕紳等身分對民眾的號召力逐步衰弱，新一代地方政治菁英於是發展出以物質利益為基礎的侍從主義動員模式，而相應的選舉侍從主義組織便在此時出現。

二、威權統治下的政治權力結構

在國民黨有意的制轄下，台灣存在中央菁英與地方菁英兩個政治集團，前者由外省籍政治菁英組成，占據國家治理、代表、軍事等要職，而本省籍政治精英為主的後者影響力則鮮少超出縣／市的範疇。兩者在人員流動上相互獨立，權力上後者從屬於前者，吳乃德將這種獨特的政治結構稱為政治菁英的二元結構（Dualistic Structure of Political Elites）。在此基礎上，兩方構建出了既相互威脅又相互依賴的緊密關聯，即聯盟兼控制關係（alliance-cum-control），[5] 中央需要藉由地方來獲得民眾支持以鞏固政權，卻又懼怕地方坐大而影響政權穩固；地方既需要中央在政策及經濟上的扶持以維繫侍從主義運作，但其發展同時也被中央所限制。兩者互相掣肘又互相成就，都是政權恩庇體制中不可或缺的基本結構特徵。

	中央對地方	地方對中央
利	扶植派系成長	維繫政權與社會的關係
害	壓抑派系權力擴張	坐大將威脅政權統治的穩固

除了透過地方菁英收集選票，以間接證成民眾對統治者／執政黨的支持外，在各類社會團體的運作普遍被壓抑的情況下，侍從主義組織也具備了聯繫外來政權與台灣社會的功能，它不僅成為利

5　吳乃德在文中有時稱為alliance-cum-control，有時則稱為alliance-cum-conflict。

益分配的管道，也透過讓人民參與政治權力組構的過程，使其建立與統治者的我群的認同。在控制方面，國民黨政權有雙派系主義以及加快菁英更替兩項策略，前者透過保持每個選區都有兩個派系互相競爭、彼此箝制來避免單一派系坐大，後者則是盡量加速政治菁英的更迭避免人際關係固結，兩項策略又可以透過黨提名、空降候選人以及司法制裁等三種手段來施行。

三、選舉侍從主義的運作

地方政治菁英們透過從政治職位以及國民黨有意放任的地方金融機構，獲得了政治及經濟上的資源，然後藉此運作起侍從主義動員。政治菁英對選民提供的「服務」有喬工作、協調金融機構放貸，協助民眾與政府打交道等。除了實質的利益外，「服務」也可以是提供名聲／面子，例如在重要的活動到場，也就是我們熟悉的跑「紅白帖」。

然而，吳乃德也認為台灣地方政治動員的實際運作並不單只依靠侍從主義一種模式。在高層級、選區覆蓋大的選舉中（如縣市長、省議員選舉），廣大的選區使得侍從主義這種需要建立私人關係、個人對個人的動員模式無法有效地涵蓋，而在較低的層級中，政治位置所提供的資源，也可能不足以讓政治人物有運作起侍從主義的資本。在這兩種情況下，以地緣、血緣、友情等傳統價值所看重的人際分群來擴大動員，便成為不可或缺的手段。此外，傳統價值不只作為一種獨立的動員模式，也在兩個方面維繫並保證

了侍從主義的有效運作。首先，因為在威權統治下缺乏正式的甄補機制，傳統分群就成為派系吸收新血的主要管道。其二，因為缺少了傳統社會固結的社會關係與結構，侍從主義服務—支持的對價關係，亦需要透過傳統的道德價值來加以確保。

論述的理路

上面我們介紹了這部作品有關地方政治的討論，現在讓我們來重新整理一下這些討論究竟呈顯怎樣的地方政治圖像，以及這套圖景又是被怎麼推導出來的。

爬梳吳文的論述後，我們可以發現吳文明確地把國民黨、地方派系、民眾到各種地方政治運作的特定模式及後果，有序地安排在一條因威權統治而起的因果鏈之上：國民黨首先建置了限於地方層級的選舉、藉著二二八事件替換了一批更樂於和威權統治者合作的地方菁英，確立戰後地方政治運作的基本態勢；接著，經過鼓動與刻意放任，地方政治菁英建立起以侍從主義為動員邏輯的政治團體（即地方派系）；最後國民黨基於控制意圖，鼓勵雙派系競爭、並提高菁英的輪換率，最終導致以服膺民眾個人利益而忽視公眾利益的惡性政治動員模式盛行，並阻礙了民主的發展。

吳乃德在這部作品中明確呈現了一個觀點，即阻礙理想的民主政治得以在地方政治場域實踐的一切問題，都可以直接或間接歸結

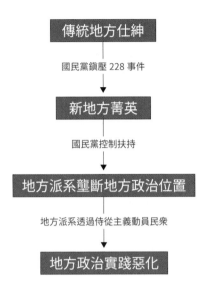

到國民黨的威權統治。國民黨就是台灣戰後地方政治生態最主要
塑造者，這個觀點我們姑且稱之為地方政治的黨國肇因論。

會有這樣的觀點，與作者解答問題的框架有所相關。如前面所提，
這部作品是藉由指出一套以侍從主義體制來贏得地方選舉的動員
控制模式，來說明國民黨的威權統治如何可能。在這套解答框架
中，地方政治運作已經被事先確認為威權統治的解釋項而不是被
解釋項，也就是說，地方政治如何運作本來就不是一個中性的、
等待被解答的問題，而是被視為構成統治機制的一個部分，是治
理觸手施展的場域，因此不可避免地被強化其作為威權統治延伸
或者後果的屬性，或至少更傾向這樣的因果歸因。

吳文之所以有這樣的解答框架，係源自吳乃德所採取的威權研究
取徑，這樣的取徑選擇看似理所當然，因為國民黨政權無疑是地
方政治場域中的最有力行動者、阻礙民主發展的最重要因素。然
而，將地方政治中存在的各式現象及問題，包括動員的主要模式
（即吳乃德所指稱的侍從主義）都歸結為國民黨的威權統治，就不
是這個取徑所必然內建的選擇了。

舉一個例子，家博（Jeffrey Bruce Jacobs）是最早一批在戰後到台
灣從事社會科學研究的西方學者之一，他對台灣民主化運動有相
當的參與及支持，因此被情治單位盯上，指控其涉入林宅血案。
他的博士論文改寫成書的作品 *Local Politics in Rural Taiwan under
Dictatorship and Democracy* (2008)，可以說是戰後台灣的第一部
地方政治研究經典。家博與吳乃德同樣支持民主、反對威權統
治，但他對地方政治運作模式的觀察卻大不相同，他認為選民服
務、跑紅白帖等動員模式，源自漢人社會的人情邏輯，而非國民
黨有意促成的侍從主義。這樣的觀點從博論寫就到後來歷經幾次
改版，都始終保持不變。

除了研究取徑之外，吳乃德身為民主化運動的參與者，以及他冀
望這部作品所能發揮的作用，或許更能夠說明他為什麼選擇了黨
國肇因論。顯而易見地，國民黨是當時民主化最主要的敵人，如
果威權統治沒有終結，那麼連基本的民主選舉都沒辦法實現，因
此把所有的矛頭都指向國民黨，在政治運動的策略上是合理且正

確的。

除此之外，如果跟家博一樣，也認為地方政治動員的模式源自在地社會的傳統文化，則無異於將問題指向民眾，但既然黨外也參與到地方選舉當中，人民就應該是被動員而非被檢討的對象。延續這點，這樣的因果歸結是建立在人民對抗威權統治的民主大敘事之下，人民與統治者相對立，前者是需要拉攏團結的對象，而統治者是製造問題需要被批判及驅逐的敵人。所以只有「外來威權統治者帶來問題，而人民善良但身處的社會受到外部汙染」，才能符合敘事的主調。唯有如此二分，才能塑造出敵我雙方的對抗性差異。

吳文對於侍從主義來源及其性質的解釋也透露出這種刻意為之的二分。自1970年代侍從主義開始被政治學援用來討論發展中國家的政治運作起，研究者就大多認為這種政治模式源自特定社會文化價值，或者是國家朝現代化轉型所出現的過渡現象。Arthur J. Lerman 等早期來台的西方學者接近前一種看法，而吳文所引用來定義侍從主義特徵的 Shmuel N. Eisenstadt 則抱持後一種看法。吳乃德在沒有回應前兩種看法的情況下，強調國民黨本身就具備侍從主義「心性」（mentality），並由此發展出自上到下的動員控制體制。但如果吳文中所說的中央地方二元體制的確存在，文中也未有更具體地說明這種「心性」究竟如何作用，又如何從中央傳到地方。無論如何，這樣的解釋確實有效地把侍從主義這種不利於民

主發展動員模式的成因從台灣社會排除，並向外歸咎到國民黨的
統治之上。

除了侍從主義的起源外，吳乃德對侍從主義的性質也做了巧妙的
拆分。如前面所提到的，許多研究者認為侍從主義是傳統社會文
化及階層在現代政治體制中的再現，或至少不會刻意否認其與傳
統文化規範的關聯。但吳乃德在討論台灣地方政治動員時，卻認
為侍從主義與傳統價值雖然同時存在甚至相輔相成，卻是兩種基
於不同邏輯的政治動員方式。在這樣的拆分之下，侍從主義不再
蘊含來自在地社會的文化規範，而純粹是一種外來的、以利益交
換為基礎的動員模式了。這種將地方政治運作等同侍從主義等同
利益交換的觀點，則可稱為地方政治動員的經濟邏輯解釋。

吳文所確立的黨國肇因論及經濟邏輯解釋，隨著吳文一起被鑲嵌
在解構威權統治的論述中，成為整個民主化論述的一部分，成為
後輩認識政治的兩個基本觀點。在這部論文發表之後的90年代，
地方政治研究逐漸成為研究的熱點，有越來越多的研究者投入這
塊領域，吳的作品開始大量被討論及引用。在持續的討論與引用
當中，吳文的觀點並沒有受到嚴厲挑戰，而是在論述及證據上被
進一步地補強與改進。

黨國肇因論的部分，首先是吳原先提出的政權恩庇體制被刪改成
二重侍從主義。這個概念最早由陳明通在1990年的博士論文中提

出，多數人則是從若林正丈的《台灣：分裂國家民主化》得知。除了將拗口的名稱換成更容易與侍從主義這個核心機制相關聯的名稱外，新的概念還減去了信服力較低且與地方政治關係較遠的官僚侍從主義，並把國民黨與地方派系的關係也直接指認為侍從主義關係。經過這樣的調整後，國民黨—地方派系—民眾的因果鏈又更進一步地被凸顯。二重侍從主義占據了原本政權恩庇體制擁有的地位，成為最廣為人知的、用來指認國民黨—地方派系統治體系的學術概念。

二重侍從主義

除了用以認識宏觀統治結構的理論有所調整外，吳乃德與陳明通合著的〈政權轉移與菁英流動：台灣地方政治菁英的歷史形成〉（1992）以及朱雲漢與陳明通合著的〈區域聯合獨占經濟、地方派

系與省議員選舉：一項省議員候選人背景資料的分析〉（1992），也分別補足了黨國肇因論中，選舉侍從主義的前提條件以及政治權力結構兩個環節，進一步扣緊從國民黨到地方政治運作的因果關係。

〈政權轉移與菁英流動〉除了透過數據補強吳論文中所指出的，本土菁英在二二八事件後歷經大幅度撤換的論點以外，還進一步透過新菁英在事件發生後仍願意與威權統治者合作的事實，暗示其品行上的瑕疵以及他們後續使用卑劣手段競選而攪亂選舉生態的可能。該文隱含二二八之前由舊菁英所掌握的地方政治運作狀況比二二八後良好的看法，並強化了國民黨為了鞏固政權撤換地方菁英的作為導致地方政治實踐惡化的這一觀點。

朱雲漢與陳明通合著一文則提出了「區域聯合獨占經濟」的概念，進一步說明了地方派系占有的由國民黨所特許的金融機構、農會及壟斷事業（客運、有線電視、瓦斯）等地方資源，以及實際上握有這些壟斷資源的地方派系的比例。這套論述把聯盟兼控制關係中扶植派系成長的部分進一步補齊。透過這項增補，一方面更清楚地論證了，國民黨作為提供資源的恩庇主，地方派系作為提供政治支持的侍從者，這樣的恩庇侍從關係，加強了肇因論的因果鏈，另一方面，也為政治動員以經濟邏輯為主的觀點，找到了對應的結構性因素。

在經濟邏輯解釋部分，雖然沒有代表性的作品可以標定其演變，但我們可以從許多往後作品的描述中看出，他們比吳文又更強化了侍從主義這種利益交換邏輯的動員模式在地方政治中的作用。以吳芳銘1996年的碩士論文《地方派系的分化與結盟變遷之研究——以嘉義縣和高雄縣為例》為例：

> 關係網絡建構派系的說法，有效地解決了地方派系勢力如何以「人情關係」動員和爭取選票的過程和結果。當然，也說明了地方派系成員彼此間的初級關係連帶，但這樣的詮釋方式有幾點缺失：一、容易掉入目的論或泛關係主義的論證迷失。……更重要的是，這樣的關係是如何發生的？尤其是，是不是透過下一點所要說的「交換互惠」產生的？二、派系當然是一種人際網絡，關係也是地方派系形成的基礎，但地方派系成員的關係是透過交換互惠建立的。因此，即使原本沒有關係或關係不好的兩造，只要肯交換互惠也成為派系成員；相反的，兩造雖擁有初級關係卻不願進行交換互惠，仍無法成為派系成員……三、政治文化本身是個殘餘變項（residual category），以它來解釋政治現象易流於不精確和贅言，以至於和沒有解釋沒什麼兩樣（Weiner, 1987: 23）。關係的解釋也有類似的困境，例如第二點的說明。所以，進一步分析發現，關係背後隱藏的交換互惠才是同屬派系的主要原因。因此，家博建構的「關係模式變項關係」中的感情這一中介變項是錯誤的，交換才是起作用的中介變項，透過不斷的交換互惠

的過程，關係才會親密和維持。四、忽略了地方派系權力運作和資源分配的問題，這樣的運作通常呈現垂直的指揮和分配的系統面向。過度重視人情的機制，容易忽略地方派系如何透過權力機制獲致和影響資源取得，以及強化垂直分配恩惠的能力。五、社會變遷對傳統關係運作的影響遭到忽視。（王振寰等，1994：2）（吳芳銘，1996：36）。

吳乃德認為傳統價值（即人情）「鞏固」了侍從主義關係，是使交易能夠兌現，確保侍從主義動員有效運作的文化因素，而吳芳銘認為傳統價值只是提供了各種現成的社會關係管道，物質利益本身才是鞏固關係甚至創造關係的根本條件。吳乃德的說法會使人意識到如果沒有傳統價值的支撐，侍從主義連帶的利益交換很難成為有效的動員手段，吳芳銘的說法則將傳統價值與各種社會關係視為附帶性的有利因素，這麼一來，文化價值在政治動員中所扮演的角色被更進一步邊緣化。

侍從主義模式的政治動員被受到吳乃德影響的後輩學者再詮釋後，從不夠充分、不夠健全，變成影響全局的決定性方式。隨著侍從主義的理解改變，政治動員中的利益交換，不再需要被道德鞏固，躍身為主要作用因素。這種經濟邏輯解釋，不只出現在吳芳銘這篇在博碩士論文網上以「派系」作為關鍵詞所能找到引用次數最多的作品上，其他90年代頗具影響力的地方政治研究作品，如施威全、高永光、陳華昇、沈國屏、王振寰、陳東升、陳明通、

朱雲漢、丁仁方等人，對地方政治的動員機制，也抱持著相類的理解。

論述的局限與其他可能

在吳乃德博士論文發表三十五年後的當下，台灣歷經民主化改革，擁有完整的言論及政治自由，以及從里長到總統的選舉權利，政治境況確實有了許多改變。但同時，我們也不難發現地方政治運作的許多慣習與三十五年前並沒有太大的不同，跑紅白帖、選民服務雖說不上唯二，但絕對是民選政治人物不可或缺的動員手段，甚至是許多民眾評判政治人物是否「認真」的標準。

這些被吳乃德指認為侍從主義體制運作特徵的地方政治慣習，並沒有隨著威權體制的瓦解一起走入歷史，顯然吳文以降的地方政治研究對於地方政治運作的因果推論，已經不能直接適用於解釋民主化後的地方政治運作了。解釋的不能或不足有兩種可能，要不是威權統治的後遺症難以袪除，就是這套解釋對現象的理解存在失誤。確切原因究竟是上述何者又或者兩種可能同時存在，是從未被仔細探究的問題。就筆者對地方政治研究的認識，雖然前一種可能並非不存在，卻少有研究認真地解釋、證明這種後遺症如何影響地方政治運作；[6]反倒能找到更多挑戰黨國肇因論及經濟

6　王振寰在《誰統治台灣？》（1996）書中確實有指出，在國民黨控制力減弱之

邏輯解釋的論據，把兩個基本觀點的各項推論拆開來仔細檢視，就會發現支持它們的論據所存在的各種疑點。

以黨國肇因論來說，由二二八事件所造成的地方政治菁英更迭，是地方政治動員模式轉變，而侍從主義動員模式成為主流的關鍵前提，然而支持此觀點的主要作品〈政權轉移和菁英流動〉卻存在基本事實、計算方式以及論證方法上的問題，[7]有近期研究指出許多地方在二二八前後並沒有大幅度的菁英更迭發生。[8]此外，國民黨有意控制、扶持地方派系的觀點同樣也有許多挑戰，不僅黨對農會等地方性金融機構的控制也不如設想中強大，[9]亦有研究指出，一些所謂區域聯合獨占經濟並不是國民黨特許，而是地方菁英早在國民黨來台前就已開始經營。[10]

幾乎所有對地方政治動員有實際考察的作品，也都不會抱持經濟

後，地方派系不受控制，有坐大山頭化的現象。這或許可以解釋侍從主義為什麼持續出現，但這並不能解釋這種動員模式其實不分黨派、被各陣營的政治人物所使用。

7 詳見程天佑，2019，《地方政治研究的歷史轉向：地方政治實踐邏輯與威權侍從學術典範的反身性回顧》。

8 羅國儲，2020，〈論戰後初期臺灣地方政治菁英的延續或斷層——以臺北縣為例〉，國史館館刊，64：111-171。

9 黃瓊文，1999，《威權轉型前後農會派系特質變遷之研究——雲林縣水林鄉農會一九七〇及一九九〇年代為例》。

10 陳家豪，2018，《近代台灣人資本與企業經營：以交通業為探討中心（1895-1954）》。

邏輯解釋的觀點，認為政治動員是簡單的利益交換。以賄選行為來說，不僅吳博論之前的葛伯納（Bernard Gallin）、家博都認為其本質並非交易，金錢更大意義上是作為確認兩者特定義務關係的「禮物」，這樣的觀點同樣出現在吳文之後，甚至是吳自己的指導學生王金壽、蔡榮祥等人的研究中。

> 樁腳的作用與重要性，不止於送錢買票。……就選舉動員而言，樁腳與其所負責的選民甚少是「單純買票」關係；更重要的反而是樁腳與選民之間的社會關係動員。從後援會經過大樁腳、基層樁腳到選民，是一次又一次的社會關係動員。（王金壽，1994: 42）

> ……樁腳之所以能夠動員選民，須依賴平常所建立的社會關係。然後在選舉時樁腳利用自己熟悉的社會網絡替領導者或是候選人宣傳，並透過政治遊說的動員或是佐以金錢買票來鞏固其所能接觸的選民。這些過程表示，樁腳不是只有把錢送到選民的手中就算完成選舉動員了。樁腳必須在平時與選民維持互動關係，選舉時善用自己的人際網絡，再加上實際去接觸選民時，進行政治訴求的遊說工作。有時樁腳會以買票的方式動員，而這種特殊任務只是一種增強或鞏固原本與選民社會連結的「禮物」。（蔡榮祥，1995: 61）

除了上述作品外，林舟（Joseph Bosco）、涂一卿、陳介玄、楊弘

任、陳泰尹也都同樣指出，各種與利益交換有關的政治動員都是人際互動的衍伸物，也就是說，吳乃德把利益交換等同於侍從主義並將之與傳統價值分離的解釋並不合乎事實，兩者並不可二分，而是都被包含在台灣社會內建的人際互動的道德規範之中。

上述研究涉及政治動員中，利益交換與人情規範孰輕孰重的爭辯，而筆者認為，問題無關乎哪種要素更「根本」，而是哪種「規範邏輯」決定了交換方式。基於市場邏輯或者基於人情邏輯的利益交換有所不同，市場經濟邏輯是去特別化、講求純粹的付出／收益算計，而人際道義邏輯的交換行為本身則與特定人際連帶綁定。從上列研究中可以看出，台灣地方政治動員更多是基於後者而並非前者，前者指出地方政治失範而唯利是圖，後者則告訴我們地方政治是套用了不合時宜的舊社會規範來運作。

這些對既有論述的質疑與挑戰不是想完全否認民主化論述對台灣政治進程的理解，認為國民黨對地方政治沒有任何負面影響、地方派系沒有把持經濟資源並藉此創造政治支持、基於傳統價值的政治動員不會危害民主政治實踐。國民黨的威權統治確實侵害了人民的言論及政治參與自由，其執政優勢也使得選舉運作明顯有失公平，地方派系確實掌握了地方專營事業而有了更雄厚的經濟資本，賄選就算基於人際邏輯也當然不合乎民主政治規範。

筆者想討論的，是這兩種基本觀點反映了過去的研究過度聚焦在

威權統治而不是地方政治實踐何以如此本身，這使得我們太強調統治者的影響力，好像所有的惡都歸諸於國民黨、所有與民主政治相悖的政治實踐都是利益交換，這種過於簡單、扁平化的理解方式才是需要被挑戰、被揚棄的對象。

我們從上述回顧中可以認識到，一方面國民黨雖然透過與地方菁英合作來維繫威權統治，但國民黨的權力卻很可能始終都沒辦法完全滲透，圍繞著派系而生的金權結構可能並非源自國民黨的威權統治本身。另一方面，侍從主義的政治動員模式也同樣並非國民黨引入，台灣社會文化的人際規範向政治領域滲透，才是該模式出現的原因。這兩方面其實都共同指向了一個結論，那就是這套觀點太過輕忽台灣社會本身文化及歷史對民主制度實踐的影響，唯有重新重視社會文化及歷史的影響，捨棄過度簡化的邏輯，我們才有可能認識地方政治的本真樣貌。

謝國雄在《茶鄉社會誌》中寫到：

> 過去二十多年的台灣社會學研究，逐漸指出：資本主義與現代國家是形塑台灣社會的兩大力量。另一方面，人類學有關台灣漢人社會的研究，卻一直突顯血緣、地緣與宗教是台灣漢人社會的基底。二者雖不至於水火不容，但也未曾積極對話，更遑論整合了。（謝國雄，2003：2）

雖然這些文字所指的是台灣社區研究的發展，但也未嘗不是反映了台灣地方政治研究的發展境況。民主化論述視角指出的威權統治者與利益化傾向當然是要理解地方政治實踐不可忽略的因素，但從漢人文化特質出發的理解卻也同樣重要。

吳乃德的博士論文無疑是推動民主化運動發展的破局之作，這部作品之所以能有這樣的成就，並非因為它是一個機械降神式的存在，而是因為吳精準抓到了民主化運動的難點，並給出了一套清晰完整、有可為（promising）的解答。任何重要的研究都不會脫離其所處的社會歷史脈絡，都應該且能夠映射出屬於那時代的困局以及行動者的思考。在當時是如此，在我們所處的現在也是相同。筆者認為我們應該效仿的，是吳乃德思考時代困局的洞視及破局的勇氣，而不是把那個時代的解方不合時宜地繼續沿用下去。

後記

｜嚴婉玲｜

本書原先的規畫是結束在程天佑的第十章，以對地方政治分析架構的叩問作結。但出版前夕的2023年5月，影音串流平台Netflix上了一部自製台劇《人選之人》，創下高收視率，其中涉及性騷擾事件的劇情更意外引動台灣MeToo運動前所未見的能量，從執政黨前黨工對黨內職場性騷及性平處理機制的失能控訴開始，這把火燒到了政界、商界、學界、醫界、藝能界，也燒到了廣義的文化圈及社運圈。

然而，在這一波運動中，每個人都不是局外人，本書也一樣。書中有文章對話的對象是被指控的學界大老、有文章內容討論的主角是被指控的政治人物、有作者以知情者的身分指控學界前輩，甚至，有作者被指控涉入性騷擾事件。

上面這段文字出現了四次「指控」，因為這個詞就是MeToo運動對個人的核心意義——把自己恐懼、害怕、不知道怎麼訴說的，跟性相關的受害經驗說出來，從而得到社會的理解與支持，而加害方也因此得到相應的懲罰，付出相應的代價。

為什麼這樣的受害經驗難以訴說，我們恐怕要看到的不只是行為及行為人本身，而是與其關聯的權力結構。受害者在當下不知如何反抗、事後不知如何訴說，害怕的其實是自己的處境可能因此變得艱難，無法繼續待在職場、無法畢業、在某某圈子可能被封殺，甚至牽連到自己的長輩。因此，我們該意識到的加害與受害，指稱的其實是權力強弱方之間的不平等互動。

回到這本書，當這波 MeToo 指控一件件發生時，我一開始還沒感受到與本書的關聯，畢竟書的內容主軸不是性別政治，但當牽涉的範圍越來越廣，這本書跟這波性別政治風暴有越來越多交集時，我開始思考是不是要做什麼調整，直到其中一位作者蔡中岳被指控涉入性騷事件的那一刻，我真的就不得不回應了。

如果你是這本書的主編，你會怎麼做？我想很多人的答案會是直接撤掉這篇文章，就像文化部撤銷、追回加害者的補助，演藝圈取消加害者的通告、演出、代言，用一個當代詞彙來描述，就是被宣告「社會性死亡」。

以讓加害者消失在公眾視野之中作為手段來解除加害者的社會資本，成為目前社會面對性騷擾及性侵事件的主要做法，尤其是當這一波 MeToo 指認出的加害者，許多是在各種圈子掌握權力的高位者，司法或政治卻無法實質懲罰（例如超過司法追訴期限、證據不足或是利益者的彼此掩護），社會性死亡就是社會所能做的最

明確、最直接的懲罰，也透過這樣的舉措，宣告並營造對受害者甚至未現身的個案更為友善的環境。

不過，也有人認為，社會不願看到某人、某事也可能是一種逃避，畢竟這是面對痛苦的本能反應。另一方面，快速反應其實也是權力結構面對責難的逃避方法，例如快速修法，只是要給大眾一個交代，而不顧修法內容是否完善，結果在大眾與權力者雙重共謀之下，事情快速地落幕了，與權力相關的結構性因素反而可能被忽視。這並不是說讓加害者社會性死亡是不好的，這種做法有其必要性，也是面對控訴，社會應採取的、極其重要的第一步，但，下一步呢？

事件發生後，我確實想過直接撤掉這篇文章，而且也知道沒人會反對，但我沒有這麼做，總覺得可以再想想。我決定約本書責編也是左岸文化的總編秀如聊聊，但在這之前，我想先了解其他作者的想法。

於是我個別發了訊息詢問本書的其他作者，問他們是否同意讓這篇文章繼續放在本書？我心想，只要有一人說不，就只能拿掉了，畢竟這是一本共同著作，要尊重所有人的意見，盡可能採共識決。意外的是，沒有作者斬釘截鐵地說，我不希望這篇文章繼續出現在本書。

作者們回覆的意見有長有短，有些作者只簡短回覆說尊重主編的判斷，也有作者擔心後續會不會出現更多更嚴重的指控。有幾位作者回了比較長的篇幅，仔細地表達自己的心境及想法，綜整不同人的內容大概有以下幾個重點。

在書的架構上，中岳的文章確實有存在的理由，因為是目前少數完整討論東部地方政治脈絡的文章，也是本書僅有的一篇。更重要的是，文章內大篇幅討論被知名媒體人指控性騷擾卻被國民黨輕輕放下而無事脫身的前縣長、現任縣長之夫、現任立委傅崐萁。這篇文章的發表應該有助於讓更多人知道他為何崛起，從而找到改變花蓮政治結構的破口。

也有作者提出 reintegrative shaming 的概念來討論，有些人把它翻成「明恥整合」，主要概念是在說雖然社會不認同犯罪行為，但若行為人願意承認過錯並引以為恥，則有機會可重新復歸社會。知名作家張娟芬也曾在一篇討論性騷案的文章中，把這個概念翻成「慚愧團體」，意指「承認錯誤，但能與當事人一起面對、包容當事人的社群」。這名作者認為這在私領域或許可行，但在公領域，「是否能將這個議題、出版社、其他作者一併包含成慚愧團體？又或者性平跟環保雖然是不同領域，但讀者閱讀過程若有不舒服感受，是否也會一併將責任歸咎給出版社？這是需要考量的。但若眾人同意與蔡中岳一同承擔，成為慚愧團體，我覺得可以放他的文章。但也是需要跟讀者說清楚理由的。」

收到這個回覆後，我私下問了一些作者對於慚愧團體的看法，雖然之前的詢問中，所有人都同意這篇文章可繼續存在於書中，但這一次，並不是所有人都同意成為慚愧團體的一分子，甚至包括過去與中岳有交情的作者。帶著這些資訊，我跟總編秀如見面討論了，經過兩個小時苦惱、為難、不斷自我懷疑及互相辯論之後，我們得出的結論是，本書會繼續放這篇文章，但也要有一篇後記說明決定出版的過程。

跟總編做出這個結論後，我去跟中岳溝通，這時他任職的前單位調查小組才剛剛組成，還不知道調查結果。他聽完我的提案後，想了一下，回說他同意這個做法，可是希望等調查報告出來後再出版。我把這個意見帶回跟總編討論，但出版社下半年有滿滿的出版期程，恐怕沒辦法拖太久，而我們也希望本書對地方政治的討論有機會豐富大家對明年初中央選舉的想像，因此我們不希望拖到年底甚至明年選後再出版。跟中岳說明情況之後，他理解我們的考量，同意盡快出版。因此本書付印之時，本案的調查結果尚未出爐，這也必須跟各位讀者說明。

在得到中岳的答覆之後，我與所有作者再次確認意願，感謝所有作者都再次同意了這個做法。

除了記述整個過程，我也想談談感受，其實在整個事件的討論過程中，沒有人的心情是愉快的，從我、總編到其他作者甚至是中

岳，所有人都是硬著頭皮做出這個決定。有一名作者在看過這篇後記後，寫了長長的回覆給我，他說：「過去三、四十年來，同溫層都是在對抗某個明確的敵人，如威權政府，這個敵人所有面向都跟我們相反，所以我們可以很理直氣壯地用力反抗。但如果加害者是我們身邊的好友呢？是跟我們具有同樣進步價值觀的運動者呢？這也是讓這次同溫層裡的各位非常痛苦的原因，因為就是身邊熟悉的、敬佩的人做了違反我們價值觀的事情，做了傷害別人的事情。正是因為這樣，才會感到痛苦。……我覺得我們應該要正視這種痛苦，而不是繞開。這世界有太多事情不是非黑即白……我身為一個異性戀生理男，從小到大沒有被性騷過，所以雖然知道要性別平等，但一直沒有去深入思考與同理生理女性的恐懼。所以我當時沒有多想就同意了婉玲的提問，但事後跟其他女性朋友討論，才知道取消文化對他們來說，不是唯一或完美的解決方案，但至少是其中一條可行的路。……這些思考讓我感到痛苦，但也是我們這些人必須承擔的。」

看著這篇文章的你，想必也不會太愉悅。那為什麼還是要做這個選擇？

作為主編，我給出的答案是，本書的作者們於各自的領域都在努力追求更進步的社會，在本書出版之際碰上性別政治的歷史時刻，或許正是提醒我們，這才是現實世界，實踐理想的人也是人，有愛憎、有失違。既然遭逢此事，我們就試著多提出一個不同於

主流的選項，多跟社會對話一個問題：

> 我們接下來要如何與被指控的行為者共生於這個社會？除了
> 永久排除，有沒有其他可行的做法？

況且，對比起在台北、中央的各種討論，性別平等議題在地方政治
之中向來都是更隱微、更無法談論的一塊，不論是職場、校園、
家庭甚至一般的社交場合之中，因為事件能見度更低、鄉親對性
別意識更不敏感，面對權力結構更容易自我設限，相關的控訴更
容易被噤聲，不友善的性別環境也就更不容易翻轉。邀集寫作的
討論過程中，沒有思考到是否應該要有一篇性別相關的文章，這
是我應改進之處。

後記若能提醒各位讀者本書尚未論及地方政治中的性別政治，也
算是微小的彌補。

左岸政治 349

台灣地方政治讀本
來自青年世代的提問、實踐與反思

主　　編　嚴婉玲
共同作者　趙維孝、陳　寧、簡年佑、羅國儲、江昺崙
　　　　　黃守達、林鴻揚、蔡中岳、何欣潔、呂伊庭、程天佑
總 編 輯　黃秀如
行銷企劃　蔡竣宇
美術設計　黃暐鵬
內頁排版　張瑜卿

出　　版　左岸文化／左岸文化事業有限公司
發　　行　遠足文化事業股份有限公司（讀書共和國出版集團）
　　　　　231 新北市新店區民權路 108-3 號 8 樓
電　　話　02-2218-1417
傳　　真　02-2218-8057
客服專線　0800-221-029
E - M a i l　rivegauche2002@gmail.com
臉書專頁　https://facebook.com/RiveGauchePublishingHouse/
團購專線　讀書共和國業務部 02-22181417 分機 1124、1135
法律顧問　華洋法律事務所　蘇文生律師

印　　刷　呈靖彩藝有限公司
初版一刷　2023 年 8 月
出版二刷　2024 年 2 月
定　　價　380 元
I S B N　978-626-7209-12-7（平裝）
　　　　　978-626-7209-14-1（EPUB）
　　　　　978-626-7209-13-4（PDF）

有著作權 翻印必究　（缺頁或破損請寄回更換）
本書僅代表作者言論，不代表本社立場

國家圖書館出版品預行編目（CIP）資料

台灣地方政治讀本：來自青年世代的提問、實踐與反思
趙維孝、陳寧、簡年佑、羅國儲、江昺崙、黃守達
林鴻揚、蔡中岳、何欣潔、呂伊庭、程天佑共同作者；
嚴婉玲主編 -- 初版 -- 新北市；左岸文化出版，
遠足文化事業股份有限公司，2023.08
-- 面；公分 --（左岸政治；349）
ISBN 978-626-7209-12-7（平裝）
1.CST: 地方政治　2.CST: 台灣政治
575.33　　　　　112000850